혁명노트

) (

혁명노트

김규항

일러두기

• 책은 모두 10장, 119개의 짤막한 글로 구성되어 있는데, 본문과 해설 방식으로 연결된다. 해설은 본문의 각주나 해설이지만 또 다른 본문이기도 하다.

• 책을 구성하는 119개의 글들은 일관된 논지 흐름을 가지지만 꼭 순서대로 읽어야 이해되는 닫힌 구조는 아니다.

• 맞춤법과 띄어쓰기는 국립국어원의 표기원칙을 적용했다. 다만, 독자의 이해를 돕고자 하나의 용어로 읽히기를 바라는 경우는 붙여 썼으며, 인용 출처에서는 그 책 표기를 적용했다.

• 책에서 빈번이 언급되는 카를 마르크스의 저작 《Das Kapital, Die Kritik der politischen Ökonomie》는 국역본 제목과 무관하게 《자본》으로 표기했다.

• 책에 사용된 다른 책 인용 부분은 모두 게재 허락을 받은 것이다. 지적 공공재로 인식하여 흔쾌히 인용하도록 허락한 관련 출판사들에 감사드린다.

) (

그것은 마술에 걸려 왜곡되고 뒤집힌 세계이며,
자본 선생Monsieur le Capital과 토지 여사Madame la Terre가
사회적인 인물이자 단순한 사물로서
괴상한 춤을 추고 있다.

———

카를 마르크스
Karl Heinrich Marx

) (

차례

1

노동자는 합법적이고 대등한
계약 관계를 통해 피지배계급이 된다.

자본주의는 과연 계급사회인가? '계급'은 '계층'이라는 단어와 그리 다르지 않게, 단지 경제적 사회적 격차를 표현하는 의미로 사용되곤 한다. 그러나 계급은 자신을 위해 노동할 뿐 아니라 다른 사람을 위해서도 노동해야 하는 사람들이 존재한다는 사실을 표현한다.[1.1] 인류 역사는 계급의 역사다. 인류는 계급이 만들어질 조건이 되는 한, 마치 본능의 발현인 듯 어김없이, 계급사회를 이루며 살아왔다.[1.2] 계급을 철폐한 사회라 주장된 20세기 현실사회주의 사회들도 예외는 아니었다.

1.1 뒤집어 말하면, 다른 사람의 노동 덕에 자신을 위해 노동하지 않아도 되는 사람들이 존재한다는 사실을 표현한다. 두 유형의 사람들, 즉 지배계급과 피지배계급은 서로를 조건으로 하는 관계에 있다. '세상을 너무 계급적으로 본다' '계급은 철 지난 개념이다' 같은 흔한 말들은 계급이 마치 세상을 보는 한 방식인 것처럼 느끼게 한다(이것이 그런 말들의 진정한 목적이다). 그러나 계급은 방식이 아니라 사실의 문제다. 계급의식은 그 사실을 사실대로 인식하는 것이다. 지배계급은 어릴 적부터 투철한 계급의식을 형성한다. 계급의식 없는 지배계급 같은 건 없다. 계급의식 없는 피지배계급이 있을 뿐이다.

1.2 생존을 위협하는 빈곤, 자연이나 다른 동물과 관계에서 극단적 위험과 불안정성이 지속하는 원시사회엔 계급이 없었다. 포로가 생겨도 노예로 삼을 수 없었다. 제 생존에 필요한 정도밖에 생산하지 못하는 적과 함께 살 순 없는 노릇이다. 농업이 생겨나고 인간의 노동생산력이 제 생존을 위해 필요한 수준보다 높아져 잉여생산물이 생겨나자, 즉 계급이 만들어질 조건이 마련되자 계급이 생겨났다.

첫 번째 계급사회인 고대 노예제 사회에서 노예는 소나 말 같은 가축과 다름없는 주인의 소유물이었다. 주인은 노예의 노동 생산물에서 노예가 노동을 지속하는 데 필요한 부분을 뺀 나머지를 수탈했다. 중세 봉건제[2.1] 사회에서 농노는 주인의 소유물은 아니지만 제 의지대로 거주 이동을 할 수 없고 영주에게 예속된 신분이었다. 농노는 안식일을 뺀 주 6일 가운데 3일은 제 경작지에서, 3일은 영주의 직영지에서 노동했다. 영주는 농노의 3일치 노동을 수탈했다.[2.2]

2.1 물론 중세 봉건제는 서유럽에서 8세기 무렵에 시작된 사회 시스템이다. 아시아를 비롯한 다른 지역은 상황이 달랐다. 그러나 오늘 인류는 대부분 자본주의사회(혹은 사회주의라 주장되는 자본주의사회)에서 살고 있다. 자본주의는 바로 서유럽에서 봉건제를 무너트리고 만들어졌으니 중세 봉건제는 인류 공통의 역사가 된 셈이다.

2.2 우리는 자본주의사회를 살아내는 일이 꽤 고단하지만 적어도 이전 사회보다는 낫다고 확신한다. 꼭 그렇진 않다. 13세기 영국을 기준으로, 농노는 주 31시간 노동했다. 농노는 제 경작지에서 노동하는 3일 동안 관리나 통제를 받지 않았으며, 제 경작지에 대한 점유권과 상속권을 가졌다. 오늘 식으로 말하면 농노는 하루 노동시간이 5시간쯤이고, 그 절반은 제 생산수단을 기반으로 자율적으로 노동하며, 주택이 무상 제공되고, 평생 고용이 보장된 정규직으로서 주택과 고용을 자식에게 물려주었다. 그들은 농한기 몇 달은 노동하지 않았고 종교 행사와 축제에도 참여하며 여유로운 시간을 보냈다. 무엇보다 오늘 노동자의 삶에서 절대 떼어놓을 수 없는 미래에 대한 불안이라는 게 없었다.

자본주의사회에서 이전 사회와 같은 신분적 예속과 그에 기초한 수탈은 사라진다. 하이에크Friedrich Hayek 말마따나 '사유재산권의 자유로운 처분에 기초한 경쟁 체제'에서 대개의 사람은 노동자로 살아간다. 노동자와 기업주는 법적으로 평등하며, 각자의 자유의지에 따라 계약을 맺고, 각자의 자산인 노동력과 화폐를 교환한다고 설명된다. 자본주의가 빈부 격차를 만들어내는 건 사실이지만, 자유로운 경쟁을 통해 더 높은 수준의 삶을 도모할 기회에 대한 부산물이라고 설명된다.[3.1] 자본주의가 계급사회라는 사실은 겉으로 드러나 있지 않다.

3.1 자유로운 경쟁의 최근 현황은 이렇다. 세계에서 가장 부자 26명의 자산은 세계 인구 하위 50퍼센트 38억명의 자산과 같다. 2019년 기준 한국인 개인예금 총액 623조원 가운데 283조원이 상위 1퍼센트의 것이다. 부자들은 '인류 역사상 부자 순위'의 앞머리를 대부분 차지하고 있다. 로마사를 통틀어 최고 부자인 마르쿠스 리키니우스 크라수스는 7위에 머문다.

흔히 자본주의를 '시장경제' 사회라고도 부른다. 자본주의 이전에 시장이 없었던 건 아니다. 시장은 고대사회에도 있었다. 그러나 자본주의 이전까지 절대적 재화인 농산물은 시장에서 교환되지 않았다. 농산물은 생산자에 의해 소비되고 지배계급에 수탈되었다. 생필품은 자급자족했다. 시장에서 교환되는 건 대개 생활에 필수적이지 않은 사치재였다. 자본주의는 시장이 전면화한 사회다. 농산물이나 생필품은 물론 인간의 삶과 관련한 모든 것들(이전엔 인간의 삶과 관련이 없었던, 끝없이 만들어지는 새로운 것들을 포함하여)이, 심지어 '인간 노동력'까지 시장에서 상품으로 교환된다.[4.1] 그러므로 자본주의를 분석하는 일은 '상품 분석'으로부터 시작한다. 우리는 그 일을 앞서 살아간 한 사상가의 각별한 노고 덕에 한결 수월하게 수행할 수 있다.

자본주의적 생산방식이 지배하는 사회의 부는 하나의 '거대한 상품더미'로 나타난다. 이 상품더미를 구성하는 각각의 상품은 이러한 부의 기본 형태로 나타난다. 따라서 우리의 연구는 상품에 대한 분석으로 시작한다.°

° 카를 마르크스, 《자본》 1권 상, 황선길 옮김, 라움, 2019, 59쪽.

4.1 인간 노동력이 상품이라는 사실은 자본주의 사회에서 인권의 근본적 한계, 혹은 인간에 대한 합법적 차별을 만들어낸다. 인간은 다른 모든 상품들과 함께 가격으로 표현되며 상품 물신성에 지배된다. 우리는 이 문제를 이 책 제5장에서 제대로 살펴본다.

카를 마르크스Karl Heinrich Marx라는 이름은 20세기 현실사회
주의의 오명과 결부되어 많은 사람에게 부정적으로 남아있
다. 그러나 한낱 쇼핑몰과 다를 바 없는 교회에도 예수의 십
자가는 어김없이 걸려 있는 법이다.[5.1] 모든 재화의 국유화,
중앙의 계획과 관료의 관리 통제 아래에서 노동과 생산, 개
인의 자유라곤 없는 집단적 삶 따위들은 마르크스와 전혀 무
관하다. 마르크스가 꿈꾼 건 모두가 평등한 사회가 아니라
모든 개인이 제 개성을 자유롭게 발전시키는 사회였다. 그가
자본주의 극복에 일생을 바친 이유 역시 자본주의가 바로 그
것을 짓밟는 사회임을 발견했기 때문이다.

5.1 마르크스 자신도 자칭 마르크스주의자들의 오독과 오해에 질려 "나는 적어도 마르크스주의자는 아니다"라고 토로했다. 마르크스 사후 오독과 오해는 마르크스주의를 넘어 마르크스레닌주의, 스탈린주의, 마오주의 등으로 가지를 뻗으며 교조적 체계dogmatic corpus로 굳어져간다.

흔히 마르크스는 19세기 사람이라 그의 이론은 현재 자본주의에 들어맞지 않는다고 한다. 자본주의는 시대에 따라 변화하고 발전해왔다. 그러나 마르크스가 《자본》에서 분석한 건 당시 자본주의 현상이 아니라 자본주의의 본질과 구조였다. 그의 분석 가운데 상당 부분은 오히려 당시 자본주의에는 채 본격화하지 않은 것들도 많았다. 이전 사회의 잔재나 습속 같은 사회적 제약 때문이다. 마르크스의 자본주의 분석이 제 빛을 발하는 건 오히려 현재다. 《자본》의 통찰은 세계화, 금융화, 양극화, 경제위기는 물론 인공지능, 플랫폼 노동 같은 최근 주제들을 꿰뚫는다.[6.1]

6.1 2008년 공황 직후 월가 엘리트들에게서 《자본》 읽기가 성행했다. 마르크스의 자본주의 분석은 자본주의를 극복하려는 사람은 물론, (마르크스 본인은 전혀 바라지 않는 일이겠지만) 자본주의에서 성공을 꾀하는 사람들에게조차 결정적이다. 1950년대에 사르트르가, 1990년대에 데리다가 거듭 말했듯 '마르크스는 우리와 동시대인'이다. 중요한 건 마르크스라는 인물의 빼어남이 아니라 그의 성과를 나의 해방을 위해 사용하는 일이다.

상품이란 무엇인가?[7.1] 그 첫 번째 조건은 '사용가치'다. 탁자는 음식이나 차를 먹는 데 사용한다. 그러나 사용가치만으로 상품이 되진 않는다. 탁자를 만들어 스스로 사용한다면 상품이 아니다. 탁자는 다른 물건과 교환할 때 상품이 된다. 상품의 두 번째 조건은 '교환가치'다. 탁자를 쌀 10킬로그램과 교환했다면 탁자는 '쌀 10킬로그램의 교환가치'를 갖는다. 탁자의 사용가치는 탁자 자체가 가진 것이다. 우리는 탁자를 손으로 만지거나 눈으로 보며 그 사실을 확인할 수 있다. 그러나 탁자의 교환가치는 탁자 자체가 가진 게 아니라 다른 물건과 교환할 때 생겨난다. 교환가치는 손으로 만질 수도 눈으로 볼 수도 없는, '사회적'인 것이다.

7.1 이론의 궁극적 존재 이유가 '인민의 자기해방'의 무기가 되는 것이라 할 때, 더 많은 인민이 쉽게 읽을 수 있다는 건 이론의 분명한 미덕이다. 더 쉽게 쓸 수 있는 것을 굳이 난해하게, 새로운 개념어까지 만들어가면서 쓰는 건 비판받아 마땅하다. 그러나 '도리 없는 난해함'도 있다. 기존의 사유 틀을 깨트리고 해방의 사유 틀로 진입하는 과정에서 수반하는 통과의례로서 난해함이다. 마르크스의 《자본》, 그중에서도 많은 사람들이 '읽기를 포기하고 마는' 상품 분석과 가치 이론 부분은 그 대표적 사례다.

탁자가 '쌀 10킬로그램의 교환가치'를 갖는다는 건 쌀 10킬로그램이 '탁자 한 개의 교환가치'를 갖는다는 뜻이기도 하다. 쌀 10킬로그램을 접시 다섯 개와 교환했다고 하자. 이제 쌀 10킬로그램은 '접시 다섯 개의 교환가치'를 갖고, 접시 다섯 개는 쌀 10킬로그램의 교환가치를 갖고, 접시 다섯 개는 다시 탁자 한 개의 교환가치를 갖는다. 이런 일은 날 때부터 자본주의사회에서 살아온 우리에게 너무나 익숙해서 전혀 특별하지 않게 느껴진다. 그러나 익숙함을 잠시 떼어놓고 생각하면 의문을 가질 만한 일이다. 탁자와 쌀과 접시의 사용가치는 각각 다른데 어떻게 '일정한 비율'로 교환될 수 있을까? 그 상품들을 공통으로 환원하는, 상품의 교환가치를 만들어내는 무언가가 있다는 뜻이다. 바로 상품의 '가치Value'다.

오늘 부르주아 경제학(우리가 '주류 경제학', 혹은 '경제학'이라고 부르는)은 가치의 실체를 '효용(쓸모)'이라 말한다. 이른바 '효용가치론(혹은 한계효용론)'이다. 효용가치론은 한 사람의 주관적 평가에 따라 한 상품이 그에게 갖는 효용을 표현한다. 그러나 사람마다 한 상품의 효용에 대한 주관적 평가가 다르고, 또 같은 사람이라도 여러 상품에 대해 다른 효용을 가지므로 효용을 비교 계측할 수 있는 객관적인 척도가 존재하지 않는다. 효용(혹은 한계효용)은 가치의 척도가 될 수 없다.

부르주아 경제학은 또한 '수요공급론'을 말한다. 수요보다 공급이 많으면 상품의 가격(가치의 화폐적 표현인)은 내려가고 공급보다 수요가 많으면 가격이 올라간다. 그러나 그것은 가격이 오르고 내리는 변화를 설명할 뿐, 가치 자체를 설명할 순 없다. 10만원짜리 탁자와 3천만원짜리 자동차는 각각 수요-공급에 따라 가격이 오르고 내린다. 그러나 그 변화는 어디까지나 10만원과 3천만원을 기준으로 일어난다. 10만원이던 탁자가 3천만원짜리가 되거나 3천만원이던 자동차가 10만원짜리가 되는 건 아니다. 수요공급론은 탁자와 자동차의 가치, 즉 애초에 탁자는 10만원이고 자동차는 3천만원인 이유를 설명할 수 없다.[9.1]

9.1 최근 부르주아 경제학은 아예 '가치'는 빼고 '가격'만 말한다. 가치는 굳이 말할 필요가 없다는 태도다. 현실의 본질이 아니라 현상 형태만 말하는 것을 진지한 의미에서 학문이라 할 수 있을까? 대만 지식인 양자오楊照는《자본론을 읽다》에서 1987년 하버드대학 유학 당시에 중국에서 마르크스 경제학으로 석사 학위를 받은 동료가 가치를 말하지 않고 가격만 말하는 경제학에 전혀 적응하지 못하는 에피소드를 적는다.

희한하게도 부르주아 경제학의 시조인 애덤 스미스Adam Smith
나 데이비드 리카도David Ricardo 같은 고전파 경제학자들은 생
각이 전혀 달랐다. 당시에도 가치의 실체가 효용이라는 주장
이 있었지만, 스미스는 효용가치론의 어리석음을 물과 다이
아몬드의 비교로 간단하게 논증한다. 물은 인간에게 꼭 필요
한 것이지만 상품으로서 가치가 없는데, 다이아몬드는 실제
효용성은 거의 없지만 상품으로서 가치는 무엇보다 높다는
것이다. 스미스는 가치의 실체는 상품에 들어간 인간의 수
고, 즉 노동이라 보았다.[10.1] '노동가치론'이다.

10.1 "그가 부유한가 또는 가난한가는 그가 지배할 수 있는, 또는 그가 구매할 수 있는 노동의 양에 따라 결정된다. 그러므로 어떤 상품의 가치는 (⋯) 그 상품이 그로 하여금 구매하거나 지배할 수 있게 해주는 노동의 양과 같다. 따라서 노동은 모든 상품의 교환가치를 측정하는 진실한 척도다." °

° 애덤 스미스, 《국부론》, 김수행 옮김, 비봉출판사, 2007, 37쪽.

마르크스는 고전파 경제학의 성과를 토대로 연구를 진행한다. 가장 먼저 노동가치론의 결함부터 보완한다. 탁자라는 상품의 가치는 그에 들어간 노동에 있으므로 가치의 크기는 '노동시간'이다. 그런데 탁자 한 개를 만드는 데 미숙하고 느린 노동자는 6시간이 걸리고, 숙련되고 손이 빠른 노동자는 3시간이 걸린다면 탁자의 가치는 몇 시간의 노동인가? 일이 미숙하고 느린 노동자가 만든 탁자는 숙련되고 손이 빠른 노동자가 만든 탁자의 두 배의 가치를 갖는가? 마르크스는 '사회적 필요노동시간'이라는 개념을 제시한다. 한 사회의 정상적인 생산조건과 평균적 노동 숙련도와 노동강도를 기준으로 노동시간을 계산해야 한다는 것이다. 탁자의 사회적 필요노동시간이 4시간이라면, 탁자를 만드는 데 6시간이 걸렸든 3시간이 걸렸든 상관없이 탁자는 4시간 노동시간 가치를 갖는다.

가치의 실체는 노동이므로, 상품이 '사용가치'와 '가치'를 갖는다는 건 상품에 들어간 노동에도 '사용가치를 만들어내는 노동'과 '가치를 만들어내는 노동'이 있다는 뜻이다. 상품의 사용가치를 만들어내는 노동은 각각 다르다. 식도를 생산하는 노동과 바지를 생산하는 노동은 전혀 다르며 저마다 구체적 유용성이 있다. 그런데 상품의 가치는 사용가치나 노동의 유용성과 무관하다. 다시 말해서 상품의 가치는 음식물을 써는 도구인가 다리에 꿰어 입는 옷인가, 혹은 식도를 생산하는 노동인가 바지를 생산하는 노동인가와 무관하다. 상품의 가치는 모든 노동을 막론한 공통적 본질, 즉 '추상적 인간노동'[12.1]이 만들어낸다. 상품의 가치는 추상적 노동의 응고물이다.

12.1 추상abstraction은 여러 가지 사물이나 개념에서 공통되는 특성이나 속성 따위를 추출해 파악하는 일이다. 소나무와 전나무는 '나무'로 추상되며, 고양이와 개는 '반려동물'로 추상된다. 그러나 나무와 반려동물은 실재하지 않는 관념에 불과하지만, 추상적 노동은 눈으로 보고 손으로 만질 순 없되 '사회적으로' 실재한다.

노동자는 화폐와 생산수단(사무실, 공장, 기계 등)을 가진 자본가와 계약을 맺고 제 노동력을 판매하여 살아가는 사람이다. 노동 형태(생산직, 사무직 등), 고용 형태(정규직, 비정규직, 플랫폼 노동 등), 임금수준 등에 따라 다양한 노동자가 있다. 자본가가 노동자를 고용하는 이유, '노동력'이라는 상품을 구매하는 이유는 무엇일까? 상품을 생산하고 시장에 유통하여 이윤을 만들어내는 과정에 필요해서다.[13.1] 이윤은 어떻게 만들어지는가? 이윤은 '교환(유통)과정'에서 나오는 것처럼 보인다. 원가 1만원짜리 상품을 시장에서 1만 5천원에 팔았을 때 우리는 '5천원의 이윤이 났다'고 말한다. 그러나 판매자가 5천원의 이득을 봤다면 구매자는 5천원의 손해를 봤다는 뜻이다. 파는 사람은 팔기만 하고 사는 사람은 사기만 하는 것도 아니다. 자본가 역시 원료나 원자재의 구매자이기도 하다. 사회 전체로 보면 그런 상황들이 무수히 반복되고 교차하여 결국 이득과 손해는 0으로 수렴한다. 교환과정에서는 아무런 새로운 가치도 만들어지지 않는다.

13.1 극단적 저임금 노동이나 열악한 노동 조건 개선을 위한 '노동이 존중받는 사회를 만들자'라는 외침은 이 사실과 부딪힌다. 자본가에게 싼 가격(저임금 노동)의 상품을 가격보다 비싸게 사라, 싼 가격의 상품을 비싼 가격의 상품처럼 취급하라는 이야기가 되기 때문이다. 문제는 노동이 상품인 사회에 있다. 노동이 존중받는 사회는 노동이 상품이 아닌 사회라는 의미, 즉 자본주의 극복의 의미일 때만 성립한다.

이윤이 교환과정에서 나오지 않는다면, '생산과정'에서 나온다는 뜻이다. 자본가는 상품을 생산하기 위해 두 종류의 상품을 자본으로 사용한다. 하나는 원료와 원자재, 기계, 설비, 토지, 사무실 같은 것들이다. 자본가는 그것을 구매하거나 임대한다. 또 하나는 노동력이다. 자본가는 노동자에게서 그것을 구매한다. 그런데 원료와 원자재, 기계, 설비, 토지, 사무실 같은 것들은 생산과정을 거치면서 저절로 불어나거나 새로운 가치를 만들어내지 않는다. 생산과정을 거치면서 그 가치들이 그대로 이전되는 '불변자본'이다.

결국 이윤을 만들어내는 건 노동이다. 노동에서 어떻게 이윤이 만들어질까? 노동은 어떻게 '가변자본'이 되는 걸까? 마르크스가 밝혀낸 비밀은 '자본가가 노동자에게 주는 임금이 노동자가 노동으로 만들어낸 가치보다 작다'는 데 있다. 이를테면 자본가는 노동자에게 8시간 가치의 노동을 하게 하고 4시간 가치의 임금을 준다. 임금은 우리가 흔히 말하듯 '노동의 대가'(혹은 노동의 가치)가 아니다. 만일 임금이 노동의 대가라면, 8시간 가치 노동을 한 노동자에게 8시간 가치임금을 주어야 한다. 그럴 거라면 자본가는 노동자를 고용할이유가 없다. 임금은 노동의 대가가 아니라 '노동력의 대가(혹은 노동력의 가치)'다.

노동자가 8시간 가치 노동을 하고 4시간 가치 임금을 받는다면, 4시간은 자신을 위한 '필요노동'이고 4시간은 자본가를 위한 '잉여노동'이다. 노동자의 잉여노동이 만들어내는 '잉여가치'가 바로 이윤이다.[16.1] 자본가는 노동자의 노동 가운데 일부를 착취하여 이윤을 만들어낸다. 그렇게 노동자는 신분적 예속이나 강제 없이, 합법적이고 대등한 계약 관계를 통해 자신을 위해 노동할 뿐 아니라 다른 사람을 위해서도 노동해야 하는 피지배계급이 된다. 자본주의 계급 관계의 뼈대다. 자본주의가 발전하면서 많은 변형과 수정이 일어나지만, 이 뼈대는 달라지지 않았다.[16.2]

16.1 마르크스가 잉여가치와 이윤의 실체를 밝혀낼 수 있었던 결정적 전기는 '노동'과 '노동력'의 구분이다. 애덤 스미스는 이윤과 지대가 노동에서 만들어진다는 것을 파악했지만, 상품에 대상화된 노동량(c+v+s, 불변자본+가변자본+잉여가치)과 상품을 만드는 데 투입된 노동(c+v, 불변자본+가변자본)이 동일하다고 봤기 때문에 잉여가치의 실체를 파악할 수 없었다. 리카도는 임금수준을 시장의 수요-공급 운동으로 만들어지는 노동의 '자연 가격'이라 상정하며 애덤 스미스의 한계를 넘어서려 했지만 노동에 의해 생산된 가치와 노동력의 가치가 다른 이유를 규명하지 못했다.

16.2 고전파가 정립한 노동가치론은 마르크스 덕에 반자본주의 가치론이 된다. 19세기 후반 부르주아 경제학은 고전파가 비웃었던 효용가치론으로 돌아간다. 오늘 부르주아 경제학의 주류인 신고전파의 탄생이다. 신고전파는 온갖 그래프와 수식을 내세우며 과학임을 자임한다. 그러나 신고전파의 선구자 앨프레드 마셜Alfred Marshall은 제 이론이 현실에 적용하기엔 지나치게 추상적이라 생각했다. 그가 당시까지 경제학을 이르던 '정치경제학'이라는 말 대신 '경제학'이라는 말을 사용하기 시작한 것도 그래서다. 신고전파는 2008년 공황을 전혀 예측하지도 분석하지도 못하여 그 비현실성을 다시 한 번 만방에 드러낸 바 있다.

'착취exploitation'라는 단어는 인격적 윤리적 차원의 느낌을 주며 즉각적인 반감이 들게 하는 면이 있다. 그러나 자본가가 노동자를 착취한다는 건 자본가가 노동자와 맺은 '합법적 계약을 준수하며' 노동이 만들어낸 가치의 일부를 제 것으로 만든다는 의미다.[17.1] 봉건제 사회의 영주도 농노의 노동 가운데 일부를 제 것으로 만들었다. 그러나 그것은 계약이 아니라 '신분 예속'이라는 경제 외적 강제를 통한 것으로, 착취가 아니라 '수탈pillage'이다. 자본주의 기업에서 경영상 필연적 상황이 아님에도 임금을 체불하거나 법정 최저임금도 지급하지 않거나, 심지어 부당 해고를 자행하고 노동자의 기본 인권조차 무시하는 따위 행태 역시 착취가 아니라 수탈이다. 수탈 자본가에 분노하는 건 당연하다. 그러나 수탈을 착취라 말하면 착취가 합법적이며 정상적인 일이라는 사실을, 자본주의가 '계급 착취 사회'라는 사실을 가린다.[17.2] 착취는 자본주의에서 합법적이고 정상적인 일이다. '착취 없는 세상을 바란다'는 말은 실은 '자본주의 폐지를 바란다'는 뜻이다.

17.1 '기업주와 노동자가 일대일 계약을 맺고 노동과 화폐를 등가교환하는 자본주의에 착취는 있을 수 없다'는 부르주아 경제학의 주장 역시 성립하지 않는다. 착취가 없다면, 정말로 노동과 화폐가 등가교환된다면 굳이 기업주가 노동자를 고용할 이유가 없다.

17.2 신자유주의 비판도 종종 비슷한 맥락에 놓인다. 1970년대 중반 무렵 시작된 신자유주의는 전 세계 노동자 인민의 삶을 위기로 몰아넣었다. 이후 자본주의 비판은 많은 경우 '신자유주의 비판'으로 표현된다. 신자유주의 비판은 자본주의 비판의 맥락과 정상적 자본주의 요구라는 맥락을 동시에 갖게 된다. 후자는 주로 2차 세계대전 이후 30여 년간 유지된 케인스주의 시기를 전제로 한다. 그러나 케인스주의 시기는 자본주의 역사에서 소득 불평등 경향이 그나마 완화한 유일하게 예외적인 상황이다. 결국 한계에 도달해 일반적(정상적) 자본주의로 돌아온 게 바로 신자유주의다. 신자유주의가 정상적 자본주의이기에 정상적 자본주의 요구로서 신자유주의 비판은 성립하지 않는다. 역사를 좀 더 긴 안목으로 볼 필요가 있다.

자본가는 잉여가치를 자금을 빌린 은행, 그리고 건물이나 토지를 빌린 지주와 나눈다. 즉 은행에 이자를 내고 건물주나 지주에게 지대를 낸다. 이자와 지대 역시 노동자의 잉여노동이라는 같은 우물에서 길어 올려진, 착취의 결과물이다.[18.1] 자본이나 토지는 생산에만 사용되는 게 아니라 그 자체로 금융 소득과 지대 소득을 올리는 경우가 많다. 금융이나 지대 소득으로, 힘들게 노동하며 살아가는 사람들보다 손쉽게 부를 축적하는 일은 공정하지 않다. 그러나 그에 대한 비판이 윤리 차원에 머물면 본질을 가린다. 금융이나 지대 소득이 자본과 토지/건물에서 만들어진다고 전제함으로써 모든 이윤이 노동자의 잉여노동에서 착취한 거라는 사실을 가린다.[18.2] 그것은 '불공정'이 아니라 '착취'다.

18.1 그러나 이자는 자본에서 지대는 토지와 건물에서 만들어지는 것처럼 보인다. 다시 살펴보겠지만, 이 착시 현상은 우리가 자본주의사회를 제대로 바라보는 데 결정적 장애를 만들어낸다.

18.2 2008년 미국발 공황의 직접적 원인이기도 한 온갖 변형된 형태의 투기적 금융산업이 극단화한 현재, 지구상에 실재하는 돈의 10배가 넘는 돈이 유통된다. 사회에 아무런 가치도 만들어내지 않으면서, 컴퓨터 모니터 앞에서 돈을 이리저리 옮기는 재주만으로 대개의 노동자는 상상할 수 없는 이득이 만들어진다. 노예나 농노는 제 주인이나 영주에게만 수탈당했지만, 노동자는 고용계약을 맺은 자본가에게 뿐 아니라 누구인지 알 수도 없는 자본가들에게 이중삼중으로 착취당하는 셈이다. '어떤 세상인지 알려면 가장 우수하다는 청년들이 어떤 직업을 선택하는지 보면 된다'는 말이 있다. 그들이 투기적 금융산업으로 몰린 지 이미 오래다. 그들은 전 세계 노동자의 잉여노동으로부터 길어 올린 막대한 돈을 극소수 부자의 금고에 넣어주는 대가로 부와 영예를 얻는다. 그들이 선망의 대상이 된다는 사실은 오늘 세계가 어떤 상태인지 여실히 보여준다.

자본주의 이전 사회에서 지배계급은 피지배계급에서 수탈한 부를 대부분 호화로운 생활과 사치에 소모했다. 부는 아직 '자본'의 성격을 가지지 않았다. 자본은 이윤을 추구하는 데 사용되는 부다. 호화로운 생활과 사치엔 한계가 있다. 부자라고 하루에 열 끼를 먹거나 제 몸보다 무거운 장신구를 걸칠 순 없다. 그러나 부가 자본이 되는 순간 모든 한계가 사라진다. 부르주아, 즉 자본가는 이전 사회 지배계급처럼 이윤을 다 소모해버리는 게 아니라 최대한 다시 생산에 투입하여 더 많은 이윤을 추구하고 자본을 축적한다.[19.1] 이 과정은 자본가가 파산하지 않는 한 무한 반복된다.

19.1 막스 베버Max Weber는 자본가의 이런 태도를 '금욕 정신'이라고 부르면서, 자본주의사회를 이루는 골간이라고 주장한다. 그러나 더 많은 축적을 위해 덜 소모하는 건 금욕이 아니라 '더한 욕망'이다. 또한 베버는 그 욕망이 자본가의 인격과는 무관한 '자본의 운동'임을 이해하지 못했다.

노예나 농노의 삶에 노예주나 영주가 어떤 인간인가는 의미가 있었다. 인격적 예속 관계에 있었기 때문이다. 그러나 노동자에게 자본가 개인의 인격을 따지는 건 별 의미가 없다. 자본가가 이윤 추구와 축적을 무한 반복하는 일은 자본가 개인의 인격과 무관하다. 자본가의 그런 행동은 언제나 다른 자본가와 경쟁 상태에 있고, 인간적 태도를 가지다간 경쟁에 뒤처지거나 파산 위협에 직면할 수 있는 그의 처지 때문이라 설명되는 경우가 많다. 그러나 경쟁에서 분명한 우위를 누리는 상태에도 자본가의 행동이 완화하진 않는다. 오히려 더 강화한다. 자본가가 이윤 추구와 축적 활동을 무한 반복하는 이유는 그가 한 인간이기 이전에 '인격화한 자본'이라는 데 있다. 자본가의 영혼은 자본의 영혼이다.[20.1]

20.1 인류 역사상 가장 부자라는 제프 베조스Jeff Bezos의 2019년 현재 자산은 170조원이다. 1년 임금 1억원인 사람이 제 임금을 한 푼도 안 쓰고 170만년 모아야 하는 돈이다. 베조스가 그 돈을 다 쓸 수 있는가, 혹은 그 돈이 진짜 필요한가는 자본가로서 그의 활동과 무관하다.

'인격화한 자본'으로서 자본가에게 노동자는 '인격화한 노동시간'에 불과하다.[21.1] 자본가가 제 인격을 회복할 수 있는 유일한 방법은 이윤 추구와 축적을 포기하는 것, 즉 자본가이길 포기하는 것이다.[21.2]

21.1 다큐멘터리 〈아메리칸 팩토리〉에서 미국 공장 노조 파괴에 성공한 푸야오 그룹 회장 차오더왕曹德旺은 말한다. "제가 어릴 때 중국은 가난했죠. 그때가 더 행복했던 것 같아요. 지금 제가 사는 시대는 번영한 현대적인 시대죠. 하지만 상실감도 있어요. 어린 시절 듣던 개구리나 귀뚜라미 우는 소리가 그립네요. 야생화들이 들판에 피었고. 지난 몇 십 년 동안 공장을 많이 세웠죠. 제가 평화를 앗아가고 환경을 파괴했을까요? 제가 사회에 공헌한 사람인지 범죄자인지 모르겠어요. 하지만 그런 생각이 드는 건 제가 기분이 안 좋을 때뿐이에요. 삶에서 가장 중요한 것은 일이에요. 그렇게 생각하지 않나요?"

21.2 와타나베 이타루渡邊格는 자본주의하에서 '착취 없는 빵집'을 운영하는 방안을 고민한다. 그의 결론은 이윤을 내지 않는 것이다. "'다음번 투자를 위해 이윤은 꼭 필요하다'라고들 하는데 그것은 결국 생산규모를 키워서 자본을 늘리려는 목적 때문에 나온 말이다. 동일한 규모로 경영을 지속하는 데에는 이윤이 필요치 않다."°

° 와타나베 이타루,《시골빵집에서 자본론을 굽다》, 정문주 옮김, 더숲, 2014, 193쪽.

2

부의 '사유화'를 통해 만들어진 자본주의는
'사회화'를 통해 제 모순을 방어한다.

과학기술과 생산력 발전에 따라 노동자의 생활수준도 높아져왔다. 적어도 발전한 자본주의사회에서 '절대빈곤'은 일반적이지 않다. 평범한 노동자의 생활수준이 중세 영주보다 높다, 따위 너스레가 나오기도 한다. 그러나 절대빈곤은 빈곤의 한 형태다. 빈곤은 본디 '사회적이며 상대적인' 것이다.[22.1] 인간의 욕구와 향유는 사회에서 나오며, 욕구와 향유의 충족 또한 사회를 기준으로 한다. 늘 다이어트를 고민하는 사람이 먹고 살기 힘들다고 말한다 해서 이상한 일은 아니다. 노동자는 빈곤을 벗어날 수 없다. 노동자의 빈곤을 만들어내는 가장 주요한 원인이 '이윤과 임금의 변함없는 반비례 관계'에 있기 때문이다.[22.2]

22.1 현재 절대빈곤은 예전처럼 생산력 부족 때문이 아니라 상대적 빈곤의 극단적 형태다.

22.2 자본의 '분리 지배' 전략이 일반화한 오늘 자본주의에서 상위 20퍼센트가량 노동자가 중산층화한 모습을 보이지만, 80퍼센트 노동자의 더욱 심화된 빈곤을 조건으로 한다.

자본이 국경을 넘듯 빈곤은 국경을 넘는다. 소득과 복지 수준이 높은 사회를 우리는 빈곤 문제를 해결한 사회라 일컫는다. 그러나 그런 사회에서 우리는 '빈곤의 외주화'를 확인할 수 있다. 노동강도가 높고 임금은 낮은 노동은 대부분 빈곤 문제를 해결하지 못한 사회에서 온 이주 노동자에게 맡겨진다.[23.1] 이주 노동자는 내국인 노동자 아래에 추가적 빈곤 계층을 형성한다. 또한 빈곤 문제를 해결한 사회의 노동자가 소비하는 생활용품의 상당 부분은 빈곤 문제를 해결하지 못한 사회(이주 노동자가 떠나온 사회이기도 한)에서 저임금 노동으로 생산된다. 빈곤 문제를 해결한 사회와 해결하지 못한 사회를 갈라 말하는 건 피상적이며 또한 기만적이다.

23.1 스웨덴에서 야생 블루베리 채집 노동은 단기 비자로 방문하는 태국 노동자들이 수행한다. 실업률이 높아져도 '스웨덴인이 할 일은 아니'라 여겨진다. 열악한 노동환경과 고용 브로커의 수탈은 알려진 지 오래지만, 대개의 스웨덴인은 대표적 복지국가의 위신 때문인지 공론화를 꺼리는 편이다.

빈곤의 외주화는 '계급의 세계화'로 이어진다. 자본은 이윤 추구와 축적 운동을 무한 반복하며 지역을 확장해간다. 거대해진 독점자본이 초국적 성격을 갖는 건 필연적이다. 19세기 후반 들어 제국주의는 국경을 넘어선 자본주의적 사회관계를 형성했다. 제국주의 국가의 상위 정규직 노동자는 식민지 노동자에 대한 초과 착취로 얻어진 잉여가치 가운데 일부를 제공받아 중산층화하기도 했다.[24.1] 20세기 후반 신자유주의 세계화는 군사적 침략이나 식민 통치를 하지 않고도 자본이 자유롭게 국경을 넘어 활동을 벌일 수 있는 시대의 제국주의라 할 수 있다. 신자유주의 세계화에서 초과 착취로 수혜를 입는 건 세계의 상위 정규직 조직 노동자다. 신자유주의 세계화 시대에 상위 정규직 조직 노동자는 '제국 시민'이며, 불안정 비정규직 노동자는 '식민지 인민'인 셈이다.[24.2]

24.1 그들은 처음으로 '노동귀족'이라 불렸다. 그러나 그들은 착취의 주체가 아니라 국경을 넘어 형성된 노동자계급의 상위 부분이다.

24.2 이미 모든 국가들이 평평한 상태라는 의미는 아니다. 예컨대 소득 하위 5퍼센트의 미국인은 세계 소득분포에서 상위 40퍼센트에, 소득 하위 5퍼센트의 덴마크인은 세계 소득분포에서 상위 10퍼센트에 해당한다. 삼성전자 아시아 공장들(베트남, 인도, 인도네시아)의 2019년 월평균 임금은 37만원이다.

자본주의 경제 시스템의 '해결 불가능한 자기모순'이라 주장
되는 견해들 가운데, 다음의 것들이 널리 인정된다.

○ 생산의 사회적 성격과 영유의 사적 자본가적 형태
자본주의적 생산은 분업을 특징으로 한다. 생산의 전 과정을
처리한 봉건시대 장인이나 직인과 달리, 매뉴팩처 시대의 노
동자는 쪼개진 생산과정에서 한 부분만 반복적으로 수행했
다. 분업은 훨씬 높은 생산량을 만들어냈다. 산업혁명 이후
분업은 더욱 발전한다. 오늘 대기업은 국경을 넘어선 하청
및 부품 회사를 비롯한 수많은 노동자의 광범위한 사회적 분
업을 통해 생산이 이루어진다. 그러나 경영상의 중요한 의사
결정은 자본주의 초기 개인회사와 마찬가지로 회장이나 총
수 등이 사유화한다. 노동자들의 결합 노동으로 생산된 생산
물은 자본가들이 사적으로 영유한다. 자본주의는 이 모순에
의한 갈등과 부작용에 시달릴 수밖에 없다.

○ 생산의 무정부성
자본주의에서 생산은 전적으로 이윤을 위해 무정부적으로
이루어진다. 실제 인간의 필요는 고려 대상이 아니다.[25.1] 여
기에서 필연적으로 '과잉생산'과 '과잉축적'이 일어난다. 주
기적인 공황은 그 결과다. 산업혁명이 완료되고 자본주의 시
스템이 확립한 직후인 1825년 영국에서 최초의 공황이 일어

난다. 그후 2백여 년 동안 세계 자본주의는 10여 년 주기로 공황을 반복해왔다.[25.2] 자본주의 이전 인간이 헐벗고 굶주리는 일은 전쟁, 홍수, 가뭄, 전염병 등에 의한 생산의 부족 때문이었다. 그러나 자본주의 공황은 오히려 생산의 과잉으로 인해 일어난다. 한쪽에서 상품은 안 팔려서 쌓이고 썩어가는데 사람들은 그걸 살 돈이 없어 헐벗고 굶주린다. 공황은 자본주의가 과잉생산과 과잉축적을 해소하는 방식이기도 하다. 자본주의는 공황을 통해 누적된 과잉생산과 과잉축적을 해소하고, 경쟁력이 뒤처지는 기업들을 도태시킨 후 경기를 회복한다. 자본주의는 '공황-불황-회복-호황-공황'을 반복한다. 공황은 호황의 정점에서 급격히 불황으로 치닫는 구간이다.[25.3]

○ 생산과 소비의 대립

자본주의에서 노동자는 상품의 생산자이자 동시에 구매자다. 노동자를 더 많이 착취할수록 자본가의 이윤은 늘어난다. 그러나 노동자의 구매력은 줄어든다. 그 상관관계는 기업 단위로 일어나지 않는다. 더 많은 착취로 인한 이윤 상승은 해당 기업에서 즉시 발생하지만, 상품에 대한 구매력 저하는 사회 전체를 통해 일어난다. 자본가는 그런 거시적인 사회 상황을 고려하며 착취 강도를 조절하지 않는다. 결국 생산과 소비의 대립은 끝없이 지속한다. 이 모순은 생산의 무정부성과 함께 주기적 공황을 불러오는 또 다른 요인이다.

○ 이윤율의 경향적 저하
시장에서 경쟁 상태에 있는 기업은 경쟁 우위에 서기 위해
언제나 새로운 기계를 도입한다. 최근 주목받는 인공지능이
나 로봇도 그런 것들이다. 새로운 기계를 도입한 기업은 한
동안 경쟁에서 앞서며 초과이윤을 얻는다. 그러나 경쟁 상태
의 다른 기업들이라고 가만있진 않는다. 결국 얼마 지나지
않아 새로운 기계가 일반화된다. 그런 과정을 거듭해가면서
전체 자본에서 불변자본의 비중은 늘어가고 가변자본(노동
력)은 지속해서 줄어든다. 가치는 잉여노동에서 만들어지므
로 이윤율은 점점 낮아지고, 자본 전체의 평균이윤율도 점점
낮아지게 된다. 기계화는 노동자에겐 실업을, 자본가에겐 이
윤율 저하를 가져와 자본주의 시스템의 근본적 위기를 만들
어낸다.[25.4]

25.1 '경제economy'는 그리스어로 집, 가정을 뜻하는 '오이코스oikos'와 다스리다, 관리하다는 뜻의 '노미아nomia'가 합쳐진 말이다. 즉 경제의 본디 의미는 '살림살이'다. 그렇게 본다면 자본주의 경제는 '경제도 아닌 경제'인 셈이다.

25.2 부르주아 경제학은 자본주의의 구조적 공황을 인정하지 않는다. 주가 및 부동산 가격 폭락, 환율 폭등, 예금 인출 쇄도, 생산 중단, 기업들의 잇단 부도, 도산, 대량 실업, 임금 삭감, 물가 폭락, 자살 증대 같은 공황의 현상들에 대해 원인을 제시하지 않은 채 단지 '경제 위기'라고만 말한다.

25.3 공황이 문제를 완전히 해소하는 건 아니다. 남은 문제들은 누적되어 구조 위기 또는 대공황으로 나타난다. 대공황으로도 남은 부분은 전쟁을 통해 해소한다. 1, 2차 세계대전은 자본주의 경쟁의 파국이자 자본주의 위기의 거대한 자기해소 과정이었다. 대규모 전쟁을 치르고 나면 모든 게 폐허가 되고 경제는 더욱 어려워질 것 같지만, 오히려 경기가 살아나고 경제성장률이 높아지는 게 자본주의다.

25.4 다만 평균이윤율 저하는 주기적 공황처럼 단기적으로 급격하게 나타나지 않는다. 자본주의 시스템 역시 이 문제를 해결하기 위해 이윤율 저하에 반대로 작용하는 상쇄력을 동원하기 때문에 여러 변수가 생긴다. 이윤율 저하는 말 그대로 '경향적으로', 즉 장기적으로 그러나 분명히 진행된다.

자본주의가 해결 불가능한 자기모순들을 방어하는 방법은 '사회화'다. 부의 사유화를 통해 만들어진 자본주의는 제 본디 모습을 부정하는 요소들을 도입하여 제 모순을 해결해왔다. 오늘 기업의 가장 일반적인 형태인 주식회사는 사회화의 첫 번째 결과물이다.[26.1] 초기 자본주의에서 기업이 자본가 개인의 사적 소유 형태인 데 반해 주식회사는 여러 명의 주주로 소유가 분산된 사회적 소유 형태다. 다만 경영권은 지배적인 지분을 가진 사람이 가짐으로써 사적 소유의 성격을 유지한다.

26.1 주식회사는 개인회사보다 더 많은 자본을 형성할 수 있어 대규모 사업을 실현할 수 있고, 그 결과에 대한 위험은 분산시킬 수 있었다. 주식회사는 19세기 말이면 전반적으로 일반화한다.

19세기 말 대불황의 충격 앞에서, 주식회사는 한 단계 더 사회화하여 '독점자본' 형태를 이룬다. 여러 기업이 연합하거나 (카르텔) 하나로 합병하여(트러스트) 시장의 예측할 수 없는 위험에 지배되는 게 아니라 반대로 시장을 지배하고 통제하는 방식이다. 1930년대 대공황을 거치며 독점자본은 국가와 결합한 형태로 발전한다.[27.1] 국가는 금융, 통화, 경제정책 등을 관리하며 독점자본의 활동을 지원한다. 오늘 자본주의의 골간인 '국가독점자본주의'다. 국가독점자본주의는 2차 세계대전을 거치며 케인스주의 형태를 띠지만, 1970년대 후반 들어 그 한계에 달하자 신자유주의 형태로 전환하여 오늘에 이른다.[27.2]

27.1 뒤집어 말하면, 자본주의가 국가와 결합하지 않고는 존속할 수 없는 상태에 이르렀음을 의미한다.

27.2 통념과 달리 케인스주의와 신자유주의는 독점자본주의라는 한 뿌리의 다른 가지다. 물론 케인스주의는 국가가 시장에 개입하여 시장의 결점을 보완해야 한다고 말하고, 신자유주의는 국가의 개입을 반대하고 시장에 맡겨야 한다고 말한다. 그렇다면 신자유주의 국가가 파산 위기에 몰린 독점자본의 손실을 인민에게 떠넘기고 막대한 공적 자금 지원으로 되살리는 건 무엇인가? 신자유주의의 교주라 불리는 하이에크의 이론과 현실의 신자유주의는 같지 않다. 자유경쟁, 시장 효율성(규제 완화), 그리고 경제에 대한 국가의 철수(감세, 민영화)를 말하는 신자유주의에서 국가는 케인스주의에서보다 더 적극적으로 독점자본을 옹호한다. 2008년 미국발 공황이 일어나자 좌파 일각에선 신자유주의의 파산을 선언하며 '케인스주의로 회귀'를 주장했다. 역시 국가독점자본주의에 대한 몰이해에서 나온 해프닝이었다. 알다시피 공황은 국가의 더욱 강력한 개입에 의해 수습되고 신자유주의는 재정비된다.

'신자유주의적 국가독점자본주의'라는 자본주의 최종적 형태의 공고함 앞에서 자본주의 극복은 난망하게만 보인다. 그러나 그 공고함은 사회화, 즉 자본주의가 제 본디 모습을 부정하는 요소의 도입을 통해 만들어졌기에 동시에 치명적 결함이기도 하다. 국가독점자본주의에서 거대 독점기업은 극단적으로 사회화되어 있다. 거대 독점기업들은 국가의 지원 아래 자금과 생산과 투자 등을 관리하며, 중소기업들을 하청 계열화하여 철저한 계획에 따라 생산을 조절한다. 요컨대 현재 자본주의는 '자유시장' 상태가 아니라 고도의 '계획경제' 상태에 있다.[28.1] 소유와 경영만 사유화되어 있을 뿐이다. 만일 다수 인민의 이해에 기반을 둔 정치세력이 정치권력을 획득하여 거대 기업들을 인민의 이해에 맞게 '재사회화'한다면, 자유시장 상태보다 훨씬 쉽게 새로운 사회로 이행할 수 있다는 이야기다. 몽상처럼 들릴 수 있지만 임박한 현실일 수도 있다. 그 결정은 전적으로 '인민 스스로가 어떤 사회를 원하는가'에 달려 있다.[28.2]

28.1 독점자본도 '자유시장'을 외치지만, 독점에 대한 국가와 사회의 간섭과 견제를 반대하는 의미에서만이다. 오늘 자유시장의 진정한 모습은 영세 자영업자에게서나 찾아볼 수 있다. 대부분의 영세 자영업자는 안정적 임금노동자로 살아갈 수 없어 사장 노릇을 하게 된 사람들이다. 그들은 독점자본이 지배하는 시장의 가장 변두리에서, 자유시장의 예측할 수 없는 위험에 온전히 노출된 채 그들과 그들 가족의 노동을 자기착취하며 버텨낸다. 대부분은 결국 파산할 수밖에 없다.

28.2 예컨대 한국의 주요한 거대 독점기업(재벌)의 최대 주주는 대부분 국민연금이다. 정치권력을 접수한 상태가 아니어도, 제도 정치에서 좌파 지분이 일정 수준 이상이라면 재벌이 총수 일가의 사적 이익을 위해 경영되는 일은 억지할 수 있다. 즉 다수 인민의 삶에 기여하는 방향으로 경영을 전환할 수 있다. 또한 그런 경험은 인민의 더 적극적인 선택과 행동을 만들어내게 된다.

3

자본주의에서 '노동의 신성함'이나
'건강한 노동자' 같은 말은
싱거운 농담이다.

'자유로운 노동자'가 시민혁명이나 자본주의 형성 과정에서 자연스럽게 탄생한 건 아니다.[29.1] 자본주의 형성을 위해 기획되고 만들어졌다. 자본주의가 가장 먼저 발달한 영국에서 14세기 말이면 농노제가 거의 폐지된다. 그러나 바로 자본주의 사회로 넘어간 게 아니라, 해방된 농노인 독립자영농과 차지농을 중심으로 하는 과도적 시기가 이어진다. 봉건제에서 전체 토지는 3등분되었다. 3분의 1은 영주(귀족, 교회 등)의 땅이고 3분의 1은 농노의 땅, 나머지 3분의 1은 '공유지'였다. 농노는 공유지에서 가축을 방목하고 농사를 위한 퇴비도 만들고 장작이나 토탄도 구했다. 독립자영농과 차지농의 생활에도 공유지는 필수적이었다. 15세기 후반 그들은 공유지에서 쫓겨나기 시작한다. 모직물 매뉴팩처의 번성으로 양모 가격이 급등하자 지주 귀족들은 공유지에서 양을 키우기 위해 울타리를 친다. '인클로저enclosure, 울타리치기'는 18세기까지 이어진다.[29.2] 지주들은 점차 공유지를 넘어 독립자영농과 차지농의 토지도 강탈해간다.

29.1 "노동자는 두 가지 의미에서 자유롭다. 노예나 농노와 달리 법적으로 인격적으로 자유로워 제 노동력을 판매하며 살아갈 수 있다. 또한 재산 소유로부터도 자유로워 제 노동력을 판매하며 살아갈 수밖에 없다."°

29.2 토머스 모어Thomas More는 《유토피아》(1516)에서 인클로저를 '인간을 잡아먹는 영국 양들'이라 풍자한다.

° 카를 마르크스, 《자본》 1권 상, 황선길 옮김, 라움, 2019, 248쪽.

생산수단을 잃은 농민들은 도시로 몰려들어 자유로운 노동자가 된다. 그러나 엄격한 규율 아래 가혹한 노동을 수행하는 공장 생활을 거부하고 걸인이나 부랑자 생활을 하는 경우도 많았다. 국가는 부르주아의 이해를 대변하여 이 역사의 훼방꾼들을 냉혹하게 처리한다. 「구빈법Poor Law」은 노동능력이 있는 걸인이나 부랑자가 적발되면 공개 태형에 처하고, 감옥에 가두고, 귀를 자르고, 죽이도록 했다.[30.1] 대개의 사람들이 노동자로 살아가는 일을 너무나 당연히 여길뿐더러, 다만 안정적이기만을 소망하는 세상은 그렇게 "머리에서 발끝까지의 땀구멍에 피와 오물을 흘리면서 태어난다."∘

∘ 카를 마르크스, 《자본》 1권 하, 황선길 옮김, 라움, 2019, 558쪽.

30.1 영국에서 「엘리자베스 구빈법(Elizabethan Poor Laws, 1601)」은 생산수단을 빼앗기고 도시로 몰려든 농민을 임금노동자로 만드는, 자본주의의 시초 축적 과정을 위한 법이다. 대폭 개정된 「신 구빈법」(1834)은 산업혁명 이후 축적 과정을 위한 것이다. 구빈법은 구제 신청자를 자립 생활자(노동자)와 구분하여 '근면과 절약의 덕을 갖춘 존경할 만한 시민으로서의 자질이 결여된 사람'으로 낙인찍었다.

인간에게 자유는 무엇인가? 인신의 구속을 받지 않는 것, 가고 싶은 곳을 가고 하고 싶은 말을 하는 건 자유의 당연한 기본이다. 그러나 인간에게 자유는 단지 구속받지 않는 상태만을 의미하지 않는다. 인간 자유의 본질은 '자율적 삶'에 있다. 인간은 노동work하는 존재다. 인간은 노동으로 제 두뇌와 신체를 자연과 결합하여 세계를 변화시키고 자신의 삶도 변화시킨다. 인간은 노동하는 존재이며 노동이야말로 인간을 다른 동물로부터 구분한다.[31.1] 자율적 삶의 뼈대는 '노동의 자율성'이다. 그것은 다음의 내용들을 요건으로 한다.

○ 노동은 생존을 위한 수단이 아니라 목적이어야 한다. 즉 노동은 그 자체로 '자아실현'이어야 한다.
○ 노동을 실행한 결과와 노동에 대한 대가는 일치해야 한다.
○ 노동의 결과물은 노동한 인간의 것이어야 한다.
○ 인간은 노동을 통해 제 자질과 능력을 잠재적인 부분까지 발현할 수 있어야 한다.

31.1 꿀벌이나 거미도 놀랄 만큼 정교한 건축가이지만 본능에 의해 수행하는 그들의 생산물은 늘 같다. 인간은 완성된 상태를 예상하기 때문에 더 개선된, 혹은 전혀 다른 생산물을 만들어낸다. 노동하는 개체로서 개별 인간은 죽더라도 노동의 결과는 '문명'으로 지속한다.

자본주의에서 노동은 '워크work'가 아니라 '레이버labour'다. 자본주의에서 노동은 목적이 아니라 생존을 위한 수단이며, 자본의 이윤 추구에 사용되는 도구다. 노동자의 인격이나 개성, 노동의 구체성 따위는 모두 추상적 노동으로 환원되어 임금으로만 표현된다. 노동의 결과는 자본가의 것이다. 자본주의에서 노동은 철저하게 '타율적 노동'이다. 자유인이 아닌 노예의 노동이다.[32.1] 자본주의에서 '노동의 신성함'이나 '건강한 노동자' 같은 말은 싱거운 농담이 된다.[32.2]

32.1 노예제에서 살아간 사람들의 사고방식은 이런 구분에 참고가 된다. 그리스인들은 먹고 살아가기 위한 노동을 '포이에시스poiesis, 생산'라고 했고, 노예가 전담했다. 예술을 사랑하고 공동체의 문제에 능동적으로 참여하고 창조적 행동을 하는 자유인의 노동은 '프락시스praxis, 실천'라 했다.

32.2 자율적 노동의 현상적 사례를, 예컨대 '성공한 미술가'에서 볼 수 있을 것이다. 그러나 그들은 극소수 작가에게 극단적 희소가치를 부여하는 조작된 미술시장의 수혜자다. 대다수 작가는 시장에 존재하되 상품으로서 가치가 거의 할애되지 않는다. 극소수 성공한 미술가의 부유와 자율적 노동은 대다수 작가의 빈곤과 임금 노예만 못한 노동을 조건으로 한다. 자본주의사회에서 자율적 노동을 보편화할 수 있는 영역은 없다.

'임금 노예'라는 말은 전통적 노예 이미지와 연결되어, 저임금과 극심한 육체노동과 인격적 천대에 시달리는 최하층 노동자를 떠올리게 한다. 그러나 전통적 노예라고 모두 채찍을 맞아가며 가혹한 노동에 시달린 건 아니다. '고급 노예'도 있었다. 로마에는 시를 낭송하고 연극을 하고 건축을 하는 예술가 노예가 있었고, 교사 노예에겐 자유인 학생에 대한 일정한 체벌까지 허용되었다. 고급 노예는 가난한 자유인보다 안락하게 생활했다. 그들은 자신이 노예라는 사실보다는 여느 노예와 차이에 좀더 주목했다. 현대의 고급 노예들도 마찬가지다. 임금과 사회적 지위가 높을수록 자신이 다를 바 없는 임금 노예라는 사실을 잊는다. 가장 비참한 노예는 가장 열악한 처지의 노예가 아니다. 자신이 노예임을 자각하지 못한 노예, 노예로서 우월감을 가진 노예다.

노예에 관해 가장 직관적인 정의를 남긴 건 로마인들이다. 그들은 노예를 '자신의 운명을 스스로 결정할 권리가 없는 자'[34.1]라 말했다. 임금이나 사회적 지위가 어떻든 내 운명을 스스로 결정할 권리가 없다면 나는 노예다. 전통적 노예제 사회에서 노예는 두 가지 소망을 갖는다. 고급 노예가 되는 것, 그리고 친절한 주인을 만나는 것.[34.2] '노동 해방' 구호는 많은 경우 노예의 두 가지 소망과 구분되지 않는다. 그러나 노동 해방은 임금 노예가 자유로운 개인이 되는 일이다.

34.1 현대 헌법에서 '자기결정권'은 일반적으로 보장되어 있다. 다만 법적 권리가 그것의 행사를 보장하지 않을 뿐이다.

34.2 오스카 와일드Oscar Wilde 는 '친절한 노예주는 최악의 노예주'라 갈파한 바 있다. 노예로 하여금 자신이 노예임을 자각하기 어렵게 만들기 때문이다.

임금 노예는 '자본 대 임금노동'이라는 자본주의 사회관계에서 좌변에 속하지 않는 모든 사람이다. 자본가와 계약을 맺고 제 노동력을 판매하는 전통적인 형태의 임금노동자는 물론, 플랫폼 노동자처럼 그런 형태를 벗어난 최근의 경우도 포함한다. 안정된 임금노동을 할 수 없어 자신과 가족을 자가 착취하는 사장이 된 영세 자영업자도 임금 노예다. 반대로 월급이나 연봉을 받는다고 다 임금 노예는 아니다. 전문경영인은 거대하고 복잡해진 기업에서 자본가의 역할을 분담한다. 그들의 월급이나 연봉은 제 노동력의 대가가 아니라, 노동자의 노동에서 착취한 이윤을 배분받은 것이다. 자본주의사회에서 대개의 사람은 임금 노예로 살아간다.[35.1]

35.1 그리스나 로마, 노예해방 이전의 미국 남부나 조선 초기 같은 전통적 노예제 사회에서 전체 인구 가운데 노예 비율은 30퍼센트 가량이다. 자본주의사회는 국민, 시민, 인민 등으로 불리는 대부분의 사람이 임금 노예인, 극단적 형태의 노예제 사회인 셈이다.

착취당할 수조차 없는 상태, 즉 실업은 착취에 대한 문제의
식을 잠재우고 안정적 착취 상태를 소망하게 한다.[36.1] 고용
상태 노동자는 다시 비정규직 등 불안정 노동으로 분할되어,
실업과 정규직 사이에서 완충 역할을 한다. 그런 상황에 끼
여 살아가는 노동자가 전체 상황의 얼개를 조망하거나 맞서
긴 어렵다. 임금 노예로서 삶이 당연하고 자연스러운 일일
때, 남는 건 임금 노예 사이의 차이뿐이다. 높은 임금과 고용
안정성을 갖는 '고급 노예'는 선망의 대상이며, 부모들은 제
아이가 그렇게 살아갈 수 있길 간절히 소망한다.[36.2]

36.1 마르크스는 실업을 '상대적 과잉인구' '산업예비군'이라 표현한다. "상대적 과잉인구 또는 산업예비군이 언제나 축적의 규모와 에너지와 균형을 이루게 하는 이 법칙은 헤파이스토스의 쐐기로 바위에 결박된 프로메테우스보다 더 단단하게 노동자를 자본에 결박시킨다."°

36.2 2008년 공황 이후 유행한 '1:99 세계'라는 표현은 심화하는 경제 양극화 현상을 강조한다. 그러나 이 표현은 마치 99퍼센트가 같은 이해관계를 갖는 것처럼 보이게 하여 또다른 심각한 문제를 일으킨다. 그중 상위 20퍼센트(사회마다 차이가 있다)는 1퍼센트와 이해관계를 같이한다. 1은 그 대가로 80에게서 착취한 이윤 일부를 사용하여 그들에게 높은 임금과 고용 안정성을 제공한다.

° 카를 마르크스, 《자본》 1권 하, 황선길 옮김, 라움, 2019, 399쪽.

빈곤한 사람이 자유를 누릴 법적 권리는 있지만 무엇 하나 제대로 누리기 어려운 상황을 우리는 흔히 '경제적 불평등에 의해 자유가 침해된 상태'라 말한다. 그러나 그것이야말로 온전한 자본주의적 자유다. 자본주의의 자유는 '사적 소유' 개념과 한 몸으로 생겨났다. 존 로크John Locke를 비롯한 초기 자유주의 사상가들은 인간이 재산이 없으면 자신의 견해를 유지하기 어려우며, 따라서 자유를 누리기 위해선 일정 수준 이상의 재산이 필요하다고 했다. 바꿔 말하면 그들은 재산이 없는 사람은 자유가 없다고 보았다. 그들의 생각은 자본주의가 발전하고 인간 삶과 관련하여 상품의 범주가 늘면서(상품이 아니던 것들이 상품이 되어가면서) 더 정확하게 구현되어왔다. 자본주의사회에서 자유란 '자유라는 이름의 상품'이다. 자유를 누릴 법적 권리란 그 상품을 '구매할 권리'다. 물론 상품은 권리가 아니라 화폐로 구매한다.[37.1]

37.1 여전히 상품과 거리가 멀어 보이는 것들이라 해서 꼭 다르진 않다. '느리고 생태적인 삶'은 세계관과 철학에 의거한 선택처럼 보인다. 그러나 실제로 그것을 누릴 수 있는 건 부지런히 노동력을 팔지 않고도 살아갈 수 있는 사람이다. 빈곤한 사람이 그런 삶을 선택한다면 머지않아 시스템의 적정한 처벌로서 생존 위기에 직면하게 된다. 두 유형의 사람이 똑같이 느리고 생태적인 삶을 추구하는 사람으로 여겨지고, 또 서로를 그렇게 여기는 기이한 풍경은 합리적으로 받아들여진다. '자본주의적 합리성'이다.

자본주의사회를 자유민주주의 사회라고도 하는데, '자유주의'와 '민주주의'를 결합한 말이다. 자본주의가 본디 민주주의를 포함한 게 아니라, 모종의 과정을 통해 민주주의가 덧붙여졌음을 알려준다. 오늘 자유민주주의의 기초인 보통선거는 자본주의의 산물이 아니라 자본주의와 투쟁한 산물이다. '사유재산을 가진 개인에게 자유가 있다'는 자유주의 교의대로, 자본주의 초기엔 상당한 재산을 가진 소수의 부르주아 남성만 선거권을 가졌다. 1830년대 영국 노동자들은 선거권을 요구하는 차티스트 운동Chartist Movement을 시작했다. 반세기에 걸친 피나는 투쟁 끝에 그들은 선거권을 가질 수 있었다.[38.1]

38.1 단 남성에게만 해당하는 이야기다. 여성 선거권은 다음 세기에야 이루어진다. 역시 투쟁을 통해서다. 영국은 1928년, 프랑스는 1944년, 스위스는 1971년의 일이다.

그러나 민주주의 형식이 매우 높은 수준에 이른 현재에도 대다수 인민에게 민주주의는 허울이다. 자본주의사회에서 시민 주권은 상품이며, 주권의 크기는 구매력에 비례하기 때문이다. 오늘 자본주의에서 민주주의가 초기 자본주의와 다른 건 주권이라는 상품을 구입할 법적 권리가 소수의 부르주아 남성에서 모든 사람으로 바뀌었다는 것뿐이다. 인민의 삶과 관련한 모든 주요하고 결정적인 문제들은 여전히 지배계급의 손아귀에 있다. 이것은 윤리의 문제가 아니다. 자본주의는 그들이 굳이 그렇게 하지 않을 이유를 제공하지 않는다. 자본주의사회에서 민주주의는 '부르주아 민주주의'를 벗어날 수 없다.[39.1]

39.1 부르주아 민주주의 허울은 간절히 소망되기도 한다. 오랜 독재정치나 전제정에서 살아온, 민주주의를 갈망하는 사람들에게 부르주아 민주주의의 허울은 냉정하게 분별되기 어렵다. 민주화가 '자본화'로 귀결하는 비극이 일어난다.

자유주의는 본디 자유방임 시장을 골간으로 출발했다. 19세기 사회주의 운동이 활발해져 자유주의를 위협하자 그 원칙은 더욱 단호하게 옹호되었다. 20세기 들어 위협을 시스템 내로 흡수하는 자유주의 '수정'이 이루어진다. 미국 대통령 시어도어 루스벨트Theodore Roosevelt는 "사적 권력에 맞서 균형을 맞출 공적 권력이 필요하다"는 논리로, 시장에서 독점의 폐해나 빈곤 문제에 개입하는 정책을 폈다. 이게 오늘 미국의 '자유주의(혹은 리버럴)'다.[40.1] 미국 민주당을 대변하는 이념이며, 좌파 정치세력이 없다시피 한 미국 내에선 '좌파'라 불리기도 한다.

40.1 자유주의의 수정은 자유주의 경제학의 시조인 애덤 스미스의 복원이라 할 만하다. 스미스는 '보이지 않는 손invisible hand'이라는 말로 대변되며 오늘 자유방임 시장주의자들의 원조라 여겨진다. 부의 양극화 역시 자유시장의 결과라는 주장에도 즐겨 동원된다. 그러나 그가 자유시장을 옹호한 건 부가 상위 계층에만 쌓이는 현실을 바꾸기 위해서였다. 애덤 스미스가 살던 중상주의 시대 국가는 금 보유량이 국가의 부라는 생각을 기반으로 식민지 약탈을 포함한 기업 활동을 지원했다. 그러나 부는 자본가와 상위 계층에만 쌓여갔다. 스미스는 국가의 부는 국가가 보유한 금의 양이 아니라, 국민이 소비하고 사용할 수 있는 상품의 양이라 생각했다. 상품은 노동 생산물이므로 국부의 증가는 자유시장과 자본주의적 분업에 의한 노동생산성의 증가에 있다고 보았다. 또한 그는 그런 과정을 통해 만들어진 부가 모두에게 고루 돌아가려면 자본가 권력에 대한 견제가 필요하다고 주장했다. 자본가들이 내놓는 새로운 법안이나 상업 규제안도 언제나 주의 깊게 살펴야 한다고도 했다.

자유주의의 사상적 결실을 존 롤스John Rawls의 '정의론'(1971
년 발간한 같은 제목의 책이기도 한)에서 볼 수 있다. 롤스
이전의 자유주의는 '효용'을 강조하는 공리주의에 머물렀다.
불평등이나 빈부 격차는 무시되었다. 롤스의 정의론은 두 가
지 원칙으로 구성된다. 제1원칙은 '평등한 자유의 원칙'이다.
모든 인간은 자유권이라는 기본권을 평등하게 누려야 한다
는 것이다. 제2원칙은 '차등의 원칙'이다. 사회경제적 불평
등은 사회의 최소 수혜자에게 최대 이득이 되는 경우에만 허
용된다는 것이다. 그러나 매우 공평무사해 보이는 두 원칙은
실은 성립하지 않는다. 자본주의에서 자유란 사유재산권을
기반으로 한다. 자유권의 평등은 자유권의 불평등을 정당화
하는 사유재산권과 양립할 수 없다. 롤스의 정의론은 '사유
재산제 폐기'라는 전제에서만 성립한다. 롤스의 정의론은 구
현될 수 없는 정의를 구현될 수 있다고 말한다. 바로 그 점이
자유주의 지배엘리트들이 롤스를 그토록 떠받드는 이유다.
기존의 공리주의 정의론이 그들에게 기득권을 선사했다면,
롤스의 개정판 정의론은 그들이 기득권과 정의를 동시에 구
가할 수 있도록 해준다. 즉 그것은 '피시 쇼PC show'의 이론적
근거가 된다.

피시Political Correctness의 줄임말, 정치적 공정함는 정체성을 기반으로 혐오와 차별적 언어를 사용하지 않는다는 사회운동으로, 미국에서 1980년대 이후 본격화했다. 혐오와 차별은 언어를 매개로 구현되기에, 혐오와 차별의 언어를 사용하지 않는 노력은 현실에서 혐오와 차별의 억지에 의미 있는 영향을 준다. 그러나 언어가 현실 자체는 아니다. 피시는 언어로 현실을 대체하는 문제가 있다. 즉 현실에서 실제 행동과 책임을 바른 말로 때우는 위선의 도구가 될 수 있다. 그러나 피시의 좀더 심각한 도구화는 피시의 본디 의미 바깥에서 일어난다. 인종, 여성, 성소수자, 장애인 등에서 혐오와 차별을 부각하는 대신, 그런 정체성을 막론해 존재하는 계급 문제를 부차화하고 은폐하는 도구로 사용된 것이다.[42.1] 도구화한 피시는 자유주의 지배엘리트가 한층 안정적으로 '기득권과 정의'를 동시에 구가할 수 있게 했다.[42.2]

도구화한 피시는 정체성을 넘어 육식, 생태, 기후, 양극화 등 거의 모든 사회 문제로 확대되고 있다. 그 문제들의 근본 원인이 자본주의에 있다는 식으로까진 절대 나아가지 않을 뿐이다. 기득권 세력과 지배계급이 '공정함'을 차지할수록 사회는 더욱 곤란해진다.

42.1 정체성은 계급과 별개가 아니라 확장이다. 계급 착취와 억압은 자본과 임노동 사이에서만 존재하는 게 아니라 남성과 여성 사이에서도, 다수자와 소수자 사이에서도 존재한다. 또한 소수자는 정체성으로만 존재하지 않는다. 하층 계급 인민은 주요한 소수자이기도 하다.

42.2 레이건과 대처 등을 필두로 한 보수화와 페미니즘에 대한 백래시backlash 상황 등에서 피시는 저항적 의미를 가졌다. 그러나 클린턴과 블레어 등 피시 세력이 집권한 진보적 신자유주의 시대에 피시는 한층 심화하는 계급 모순을 은폐하는 지배계급의 도구가 된다. 그 시대에 다양성과 여성 인권, 다문화주의가 폭넓게 받아들여지고 공적 영역에서 혐오와 차별적 표현들이 많이 가신 건 사실이다. 그러나 더할 나위 없이 공정해진 언어들 뒤로 계급 문제가 감추어진다.

2016년 미국 대선은 피시 쇼에 대한 인민의 반감을 뚜렷하게 보여주었다. 피시의 결정체로서 정치적 입지를 다져온 힐러리 클린턴이, 입으론 평등과 정의를 외치면서 최상의 기득권을 누리는 위선적 진보의 상징으로 지목되었다. 그것은 버니 샌더스Bernie Sanders의 뜻밖의 선전으로 이어지고, 결국 러스트 벨트Rust Belt의 반란으로 폭발했다. 전통적인 민주당 지지 세력인 러스트 벨트 노동자들은 클린턴에 반발하여 도널드 트럼프에 몰표를 준다.

신자유주의 기간을 통해 보수/우파와 다를 바 없는 기득권 세력이 되어버린 주류 진보/좌파의 '정의로운 입'에 대한 인민의 반감은 미국만의 상황은 아니다.[43.1] 케인스주의, 사민주의 등 수정자본주의 노선을 기반으로 한 주류 좌파는 2차 세계대전 이후 30여 년간 호황과 분배라는 두 가지 숙제를 조화시키는 데 성공했다고 자부해왔다. 그러나 1970년대 중반 세계 자본주의가 다시 불황과 공황에 빠져들면서 좋은 시절도 간다. 당시 노동자계급의 힘이 가장 약했던 미국과 영국에서 레이건과 대처의 주도로 신자유주의 세계화가 시작된다. 서유럽 주류 좌파는 '제3의 길'을 말하며 신자유주의에 투항한다. 인민의 실망과 반감은 최근 유럽 전역에서 사민당의 퇴조와 급진 좌파의 부상으로 이어진다.[43.2]

43.1 토마 피케티Thomas Piketty는 이들에게 '브라만 좌파'라는 이름을 붙인다. 브라만은 인도 카스트제도의 최상층이면서 지적 기능을 수행하는 사제 계급이다.

43.2 피시의 영국 버전이라 할 '버추 시그널링virtue signaling'은 자신이 교육 수준 높고 사회 문제에 올바른 태도를 가진 교양인임을 간접적으로 표현하는 행위를 말한다. 이에 대한 인민의 반감은 '제3의 길'을 말하던 노동당 주류가 퇴조하고 제러미 코빈Jeremy Corbyn으로 대변되는 급진파가 부상한 일과 관련이 있다.

미국이나 유럽 상황과 달리 한국에서 이제 막 피시 쇼가 본격화한 건 특기할 만하다. 정치적 민주주의에 대한 열의나 평균 교육 수준에 비해 페미니즘이나 소수자 인권 의식이 현저히 뒤처진 한국 사회에서 피시는 각별한 의미를 갖는다. 그러나 한국에서 피시 쇼는 정작 정체성 문제에는 매우 타협적이면서 정치 정략적으로 범주를 확대한 형태다.[44.1] 한국에서 피시 쇼는 자유주의 세력이 단지 '바른 말'로 보수주의 세력(전근대적 습속과 문화적 저급함의 범벅인)과 변별성을 확보하여, 지배계급 내 주도권을 차지하고 기득권을 확보하는 데 사용된다.[44.2]

44.1 페미니즘이나 소수자 인권에 대한 타협적이고 이중적인 태도는 한국의 자유주의 정치인들에게 일반적이다. 그들의 피시는 미국에서처럼 쇼로 변질하거나 도구화한 게 아니라, 출발부터 정치 정략적 이해에 입각한 것이라 할 수 있다.

44.2 한국 피시 쇼는 '최소한의 상식'이라는 구호로 대변된다. 그 구호로부터 '친일 독재 청산' '경제민주화' '언론 개혁' '사법 개혁' 등의 구호들이 변주된다. 물론 그 실체는 '자유주의적 상식'이다. 노동, 교육, 주택 등 삶에서 겪는 주요한 사회적 고통이 자본주의 모순에 기인한 것임에도 인민이 '자본주의 극복'이 아니라 '자유주의적 상식'을 외치는 상황은 애석하고 기이한 일이다. 그러나 쇼는 결국 실제 현실을 온전히 덮을 수 없다.

4

자본은 물질적 노동인가
비물질적 노동인가 따위
'문명사적' 변화나 구분에는 관심이 없다.

자본의 이윤 추구와 축적 활동에 의한 자본주의 시스템의 변화는 '보편적 문명 변화'로 여겨지곤 한다. '산업 경제에서 서비스 경제로 바뀌었다' '물질적 생산에서 비물질적 생산으로 바뀌었다' 같은 탈산업 논의나 4차 산업혁명 시대 같은 이야기들이 그렇다.[45.1] 과학기술 발전과 기계 도입 등으로 생산성이 높아질수록 필요한 노동력은 줄어든다. 그러나 이것은 결코 자연스럽게 일어나는 변화가 아니다. 기존 산업에서 이윤 창출이 어려워진 자본이 이윤 창출이 좀더 용이한 영역으로 이전하거나, 아예 새로운 영역을 만들어내는 것이다. 서비스 경제가 확장된다고 해서 산업 경제가 사라지는 건 아니다. 자본의 이윤 추구에서 더는 가장 선호되는 부문이 아닐 뿐이다. 인간 생활에 필수적인 재화는 산업 노동을 통해서만 생산된다. 제아무리 최첨단 노동의 시대에도 한구석엔 매뉴팩처 시대의 노동이 존재하는 것은 그래서다.

45.1 '탈산업주의' 논의는 앨빈 토플러Alvin Toffler나 다니엘 벨Daniel Bell 같은 문명론자들부터 여러 버전이 있다. 대체로 경제의 구심이 바뀐다는 논의지만, 알랭 투렌Alain Touraine처럼 경제적 메커니즘이 더 이상 세계의 중심이 되지 못한다는 의미에서 탈산업을 말하는 경우도 있다. 그러나 '보편적 문명 변화'로 보는 오류는 공통점이다.

산업 노동의 축소와 함께 '노동자계급은 사라졌다'는 이야기도 많은 공감을 얻는다. '노동자계급의 고전적 형상'에 대한 집착에서 나온 어리석은 이야기일 뿐이다.[46.1] 노동자계급의 형태는 자본의 이윤 추구와 그에 따른 자본주의 형태 변화에 따라 변화한다. 자본은 산업 노동인가 서비스 노동인가, 물질적 노동인가 비물질적 노동인가 따위 '문명사적' 변화나 구분에는 전혀 관심이 없다. 노동자계급의 본질은 '사회적 관계'다. 노동자는 자본-임금노동이라는 사회적 관계를 통해 잉여가치를 만들어내는 존재다.

46.1 마르크스의 서술에서 노동자계급이 대부분 산업 노동자인 이유는 단지 당시 자본주의가 그랬기 때문이다. 공장에도 사무직이 있긴 했지만 매우 적었고, 오늘처럼 기획·관리·마케팅 등으로 분화하고 전문화한 게 아니라 기업주를 보조하는 수준이었다.

노동자계급의 고전적 형상에 대한 집착은 또한 진정한 노동자계급에 대한 집착을 만들어낸다. '프레카리아트precariat'[47.1]는 신자유주의 이후 늘어난 일상적인 불안정 노동과 저임금에 시달리는 저숙련 비정규직 노동자와 실업자 등을 총칭한다. 앙드레 고르Andre Gorz는 이미 《프롤레타리아여 안녕》(1980)에서 불안정한 보조직, 기간직, 구 기술 노동직, 대체직, 파트타임 직을 수행하는, 즉 지위와 계급이 없는 사람들을 '새 프롤레타리아'라고 표현한 바 있다. 프레카리아트나 새 프롤레타리아는 중산층화, 체제 내화한 상층 조직 노동자에 대비되어 '진정한 노동자계급'을 지칭한다. 물론 사회 변혁의 새로운 주체라는 의미이기도 하다.[47.2] 그러나 가장 열악한 조건이 반드시 가장 급진적인 태도를 만들어내는 건 아니다. 열악한 상황의 노동자를 부각하는 일이 그 노동자를 주체로 서게 하기보다는 동정과 시혜의 대상으로 만들어 '좌파 자선 운동'으로 전락하는 경우도 많다.[47.3] 또한 제 계급에 연대하지 않는 노동자는 '계급의 배신자'일 순 있으되 '다른 계급'이 되는 건 아니다.[47.4]

47.1 이탈리아어 '프레카리오precario, 불안정한'와 '프롤레타리아트 proletariat, 무산 노동 계급'를 합성한 말이다.

47.2 진정한 노동자계급에 대한 집착은 사회 변혁이나 혁명을 경제적 차원으로만 보는, 물신성에 입각한 관점의 산물이라 할 수 있다. 우리는 이 책 제5장에서 '물신성'에 대해 살펴본다.

47.3 장기간에 걸친 노숙 농성이나 고공 농성, 목숨을 건 단식투쟁 같은 상황은 동정심이나 연민을 기반으로 관심과 지지 여론을 만들어낼 수 있다. 그러나 반복할수록 반응은 둔해지므로 자극도 그만큼 강해져야 하는데, 머지않아 한계에 도달할 수밖에 없다. 처참한 상황들이 일상의 익숙한 풍경이 되면서, 어지간한 상황은 아예 아무런 자극을 주지 못하게 된다. 그러나 더 심각한 문제는 '투쟁하는 인간'을 존중이 아니라 동정과 연민의 대상으로 만든다는 점, 그리고 인민에게 투쟁이 남의 일이 아니라 제 계급의 일이라는 사실을 잊게 한다는 점이다.

47.4 서유럽 사민당의 우경화 현상을 두고 서유럽 사민당이 제 기반을 '노동자계급에서 중산층으로' 옮겨간 거라 해석하는 견해가 있다. 중산층 노동자를 노동자계급으로 보지 않는, 노동자계급의 고전적 형상에 대한 집착의 또 한 사례인 셈이다.

1928년 존 메이너드 케인스John Maynard Keynes는 케임브리지 대학 학부생을 상대로 '우리 손주 세대를 위한 경제적 가능성 Economic Possibilities for our Grandchildren'이라는 제목의 특강을 한다. 러시아혁명이 일어난 지 얼마 안 되었고 세계적으로 사회주의 이념이 불길처럼 퍼지는 시기였다. 배우고 똑똑한 젊은이는 다 빨갱이라는 말이 나도는 상황을 근심한 케인스는 학생들에게 자본주의의 우월함을 설파한다. 그는 자본주의가 현재처럼 부의 축적을 지속하고 생산력이 발전한다면 100여 년 후엔 모든 사람이 주 15시간만 일하고도 충분히 살 수 있게 된다고 말한다. 케인스 예언의 절반은 이미 실현되었다. 현재 자본주의 생산력은 대개의 사람이 적정한 삶을 유지하는 데 주 15시간 노동이면 충분한 수준이다.[48.1] 그러나 '주 15시간 노동'은 여전히 꿈같은 이야기다. 왜 노동시간은 줄지 않을까? 자본주의에서 생산은 인민의 삶이 아니라 자본의 이윤 추구를 위해 이루어지며, 이윤의 원천은 잉여노동이기 때문이다.

48.1 미래 사회를 상상한 20세기 만화에는 로봇이 노동과 온갖 궂은일까지 다 하고 인간은 여유롭게 저마다의 시간을 즐기는 풍경이 그려진다. SF 작가 아이작 아시모프Isaac Asimov는 '남는 시간'이 미래 사회의 심각한 문제라고까지 했다.

첫 산업혁명, 즉 1765년 제임스 와트James Watt가 개량된 증기기관을 만들어냈을 때도 이전과는 비교할 수 없는 생산력을 가진 기계가 인간의 노고를 덜어줄 거라 믿는 사람들이 많았다. 그러나 노동자들은 더 가혹하고 긴 노동을 강요받았다. 당시 영국 노동자의 평균 수면 시간은 3시간, 평균수명은 30세였다. 노동자들은 기계를 파괴하는 러다이트 운동Luddite Movement을 벌인다.[49.1] 그러나 마르크스가 지적하듯 문제의 본질은 기계가 아니라 기계의 '자본주의적 사용'에 있다.[49.2] AI나 로봇 혹은 그보다 더한 기계라 해도 자본주의적으로 사용되는 한 노동자를 더 고통스럽고 불안정하게 만든다. 과학자나 기술자 개인의 선의와는 별개로, 자본주의에서 과학기술 발전은 인간의 더 편리하고 풍요로운 삶이 아니라 자본의 이윤 추구와 축적 활동에 봉사하는 속성을 갖는다.

49.1 노동자들은 1811년과 1812년에 영국 전역에서 수많은 역직기를 때려 부수었다. 러다이트 운동은 노동자들이 모든 원인을 기계에 돌리는 게 아니라, 자본가에 대한 분노를 그들의 사유물인 기계를 파괴하는 방식으로 표현한 계급투쟁이다. 지금은 보편화한 노동삼권 중 하나인 '단체교섭권'도 러다이트 운동에서 유래한다.

49.2 "이 모순과 갈등은 기계장치 자체로부터 생기지 않고, 기계장치의 자본주의적 사용으로부터 발생하기 때문이다! 기계장치는 그 자체로 살펴보면 노동시간을 단축하지만 자본주의적으로 사용되면 노동시간을 연장하며, 그 자체는 노동을 덜어주지만 자본주의적으로 사용되면 노동강도를 강화하며, 자연력에 대한 인간의 승리이지만 자본주의적으로 사용되면 자연력을 통해 인간을 굴복시키며, 생산자의 부를 증대하지만 자본주의적으로 사용되면 그를 빈민으로 만든다."°

° 카를 마르크스, 《자본》 1권 하, 황선길 옮김, 라움, 2019, 107쪽.

자본의 이윤 추구와 그 혁신으로 이루어지는 거대한 변화들은 상당수 좌파에게도 '보편적 문명 변화'로 받아들여진다. 그들의 비평은 '인공지능과 로봇 시대를 맞아' '인간의 노동이 필요 없는 세상을 맞아' 등으로 시작되며, '인간은 로봇이 하지 못하는 고유 영역을 찾아야 한다' '더더욱 인간다워져야 한다' 같은 가련한 다짐으로 마무리된다. 그들은 단지 수세적 상황에 있는 게 아니라 상황 자체를 인식하지 못한다. 그들은 자본주의와 대립하는 게 아니라 그 안에서 '좌파 역'을 수행한다. 그들에게서 세계의 재구성에 대한 거시적 전망이나 사유를 보기 어려운 건 당연하다.[50.1]

50.1 시스템이 '4차 산업혁명' 따위 말까지 써가며, AI나 로봇이 노동시간이 아니라 노동할 권리만 줄인다고 공언하는데도 새로운 러다이트 운동의 기미 같은 건 없다. 다들 분노하기보다는 적응하고 살아남을 궁리만 한다. 오늘 좌파와 함께 노동자계급이 얼마나 위축되어 있는지를 잘 보여준다.

인류 역사의 대부분에서 생산력은 모자란 수준이었다. 생활에 필요한 재화를 생산하는 데 지나치게 많은 노동시간을 들여야 하는 상태에서, 자유롭고 창조적인 삶을 누리는 사회는 구현되기 어렵다. 일정 수준의 생산력은 필요하다. 자본주의는 생산력을 비약적으로 높임으로써 그 문제를 해결했다. 그러나 자본주의에서 생산력 발전은 자본의 이윤 추구에만 이용되어 오히려 인간의 자유로운 삶을 억압하는 결과를 낳았다. 또한 자본주의의 산업주의는 환경 파괴와 기후변화 같은 유례없는 위기를 만들어낸다.[51.1]

51.1 생산력주의와 산업주의의 폐해는 체르노빌 핵발전소 사고가 웅변하듯 현실사회주의 사회에서도 다르지 않았다. 즉 그 사회는 '자본주의 극복'이라는 의미에서 사회주의 사회는 아니었다.

5

自본주의사회에서 지배계급은
'지배계급 역할을 맡은 노예'일 뿐이다.

계급사회에서 지배계급은 시스템에 대한 근본적 위협이나 저항에는 어김없이 폭력으로 대응한다. 그러나 상시적 폭력은 시스템의 불안정을 의미한다. 그래서 '이데올로기'가 필요하다. 피지배계급에게 지배계급의 이데올로기를 심어주어 시스템에 순응하게 만드는 것이다. 자본주의 이전 사회에서 지배 이데올로기는 매우 단순한 '정치적 종교적 환상'이었다. 고대 노예제 사회는 자신이 주인과 같은 인간이 아니라는 노예의 믿음으로 유지되었다. 중세 봉건제 사회의 지배 이데올로기는 기독교였다. 농노는 노예와 달리 자신도 영주처럼 인간이라 생각했지만, 둘의 신분은 신이 정한 거라 믿었다. 또한 진정한 인생은 죄로 물든 현세가 아니라 죽어서 갈 내세라 믿었다. 농노가 영주의 호화로운 삶과 제 곤궁한 삶을 비교하거나 분노할 이유는 없었다.[52.1]

52.1 마르크스는 1845년 무렵 엥겔스Friedrich Engels와 함께 쓴《독일 이데올로기》에서 말한다. "지배계급의 사상들은 어떠한 시대에도 지배적인 사상들이다. 즉 사회의 지배적 물질적 힘인 계급은 동시에 사회의 지배적인 정신적 힘이다."° 그러나 그는 자본주의에는 이데올로기보다 본질적인, 지배계급과 피지배계급을 구분하지 않는 힘이 있음을 발견한다. '물신성'이다.

° 카를 마르크스, 프리드리히 엥겔스,《칼 맑스 프리드리히 엥겔스 저작선집》 1권, 최인호 외 옮김, 편집부 엮음, 박종철출판사, 1997, 226쪽.

노동자에게 그런 단순한 지배 이데올로기는 더는 통하기 어려웠다. 자본주의는 이전 사회의 정치적 종교적 환상을 무너트리고 만들어진 계몽된 세계이며, 노동자는 신분적 예속을 벗어난 법적 자유인이다. 부르주아는 이전 사회의 정치적 종교적 환상을 무너트려 새로운 사회를 창조할 수 있었지만, 지배계급으로서 그들은 '정치적 종교적 환상이 없는 지배'라는 곤란한 상황에 맞닥트렸다.[53.1] 마르크스는 부르주아가 자신이 지배하는 사회와 함께 '자신에게 죽음을 가져올 무기들'과 '그걸 사용할 인간'도 창조했으며, 혁명은 필연적이라고 판단한다. 실제로 1840년대 유럽은 온통 혁명의 열기로 들끓었고 유럽을 넘어서는 파급효과를 만들어냈다. 1848년 마르크스는 엥겔스와 함께 《공산당선언》을 작성한다.[53.2] 그러나 그 어느 때보다 '세계 혁명'에 근접했던 1848년 혁명은 실패로 돌아간다. 마르크스는 망명길에 오른다.

53.1 "간단히 말해 그들(부르주아)은 종교적 정치적 환상들로 은폐된 착취를 공공연하고 파렴치하며 무미건조한 착취로 바꾸어놓았다. (…) 그래서 사람들은 마침내 자신들의 사회적 지위, 상호관계를 좀더 냉철한 눈으로 바라보지 않을 수 없게 되었다."°

53.2 '공산주의'와 '공산당'은 각각 'Communism'과 'Communist Party'를 일본 학자들이 번역한 말이다. '코뮌commune'은 라틴어 '코무니스communis'에서 유래하는데, '공동' '공유'를 뜻한다. '공산'은 '공동 생산'이라는 말이므로 본디 의미를 제대로 담고 있다고 하기 어렵다. 사회주의 운동사에서 공동 생산의 의미를 강조하는 그룹이 있긴 하지만 보편성을 가진 건 아니다. 의미를 살려 옮긴다면 'Communism'은 '공동체주의' '공유주의'라고 할 수 있겠다.

° 카를 마르크스, 프리드리히 엥겔스, 《공산당선언》, 이진우 옮김, 책세상, 2018, 19~20쪽.

1848년을 기점으로 유럽 사회 구도가 변화하기 시작한다. 자유주의자들은 이어지는 호황으로 경제를 장악해가면서, 정치를 장악하든 않든 자신이 사회의 주인이 되어가고 있음을 알게 된다. 자유주의자들이 우파의 면모를 본격적으로 갖추어감에 따라 좌파(공산주의자와 사회주의자 등)는 자유주의와 연합하여 보수주의와 대립하는 구도를 벗고 자유주의자를 주적으로 상정하게 된다. 그러나 자유주의자들이 약진을 거듭하는 만큼 좌파의 형편은 수월치 않았다. 마르크스는 런던에 정착하여 연구에 몰두한다. 연구는 경제학에 좀더 집중된다.[54.1]

54.1 이를 두고 '마르크스가 철학에서 경제학으로 넘어갔다'고 말하는 건 피상적이다. 혁명 이론은 현실을 기반으로 해야 하며 그 토대는 경제 분석이다. 경제가 다른 모든 사회 부문을 '결정'하진 않지만, 모든 사회 부문들에 경제적 이해관계가 결부되고 상호 관련을 갖기 때문이다. 경제 분석이 결여된 철학은 현실과 유리되며, 텍스트상 제아무리 급진적이라 해도 변혁의 힘을 가질 수 없다. (20세기 후반 이후 서구 마르크스주의에서 흔히 볼 수 있는 현상이다. 우리는 이 문제를 이 책 제7장에서 살펴본다.) 마르크스는 자유주의의 본격화 앞에서 제 사유와 이론에 자본주의 경제 분석이 부족했음을 성찰하고, 보완한다.

그로부터 20여 년 후인 1867년 마르크스는 《자본》 1권을 발간한다.[55.1] 책은 자본주의 생산양식 분석을 통해 가치와 이윤의 실체를 밝히고, 자본주의가 계급 착취 사회임을 명백하게 드러낸다. 그런데 이 책에서 마르크스는 희한한 이야기를 꺼낸다.

상품은 처음 본 순간에는 뻔히 알려진 평범한 물건처럼 보인다. 그러나 상품을 분석해보면 그것은 인간이 지각할 수 없는 이치에 맞지 않는 주장과 신의 계시를 전하는 성직자처럼 변덕으로 가득 찬 매우 이상하고 묘한 물건이라는 것이 밝혀진다. (…) 이것을 나는 물신숭배라고 부른다. 이 물신숭배는 노동 생산물이 상품으로 생산되자마자 노동 생산물에 달라붙기 때문에, 그것을 상품 생산으로부터 떼어놓을 수가 없다.°

° 카를 마르크스, 《자본》 1권 상, 황선길 옮김, 라움, 2019, 115~117쪽.

55.1 마르크스 자본주의 분석은 원래 6부작으로 구상되었다. 자본, 토지 소유, 임노동, 국가, 대외무역, 세계시장과 공황이다. 《자본》은 앞의 세 가지를 담고 있다. 그러나 《자본》 2, 3권은 마르크스 사후 남겨진 원고들을 엥겔스가 편집하여 발간한 것이다. 마르크스는 《자본》 2, 3권 작업을 진행하면서도 1권을 수정하고 보완하는 작업에 애착하는 모습을 보였다. 《자본》 1권은 자본주의사회의 얼개와 실체를 파악하는 데 필수적인 내용을 담고 있다.

자본주의가 이전 사회의 정치적 종교적 환상을 무너트린 공공연하고 파렴치하며 무미건조한 착취 사회라 단언했던 마르크스는 이제 '자본주의적 환상'을 말한다. 마르크스는 그것을 '물신성(물신숭배)fetishism'이라 부른다.[56.1] 탈법과 불법을 일삼는 기업주, 유행하는 상품을 구입하지 않고는 견디지 못하는 청년, 악착스럽게 돈을 모으지만 쓸 줄은 모르는 수전노 노인을 볼 때 우리는 '물신숭배에 빠진' '돈 귀신 들린' 같은 표현을 한다. 그러나 마르크스가 말하는 물신성이 그렇게 흉하게 불거진 것들일 뿐이라면 그리 심각하게 받아들일 이유는 없을 것이다. 정상 범주에 속하는 사람이라면 회피할 수 있을 테니 말이다. 물신성이 심각한 것이라면 바로 정상 범주에 속하는 사람들도 피할 수 없는 속성을 가지기 때문이다.

56.1 17세기 세네갈을 중심으로 노예무역을 벌이던 포르투갈인들은 원주민들이 사물에 인격을 부여하고 소통하며 숭배하는 풍습을 본다. 그들은 그걸 제 기독교와 대비되는 저급한 형태의 종교라는 의미에서 '페티소fetisso. 물신'라 불렀다. 이 말엔 계몽된 세계에서 살아가는 유럽인이 비유럽 세계의 문화를 야만이라고 보는 경멸이 담겨 있다. 마르크스는 자신이 발견한 자본주의적 환상에 부러 그 이름을 붙여 경멸을 되돌려준다. '문명인을 자부하는 너희야말로 물신의 야만에서 살아간다. 단지 풍습으로서가 아니라, 너희가 살아가는 세계가 통째로 그렇다.'

물신성은 마르크스 표현대로 '상품에 달라붙어' 있다. 즉 물신성은 자본주의사회의 원자라 할 '상품' 자체에 존재한다. 우리는 이 책 (12)에서 상품의 가치를 만들어내는 건 '추상적 노동'임을 살펴봤다. 그런데 유용 노동이 만들어내는 사용가치는 눈으로 보거나 만질 수 있지만, 추상적 노동의 응고물인 가치는 눈으로 보거나 만질 수 없는 '사회적'인 것이다. 상품의 가치는 상품 자체의 속성이 아니라 사회적 속성이며, 다른 상품들과의 관계를 통해, 즉 '교환'을 통해서만 나타난다. 그런데 우리에겐 상품의 가치만 보일 뿐, 가치의 실제 내용('노동 생산물'이며 '자본-임노동'이라는 사회적 관계로 생산된다, 하는 등)은 보이지 않는다. 상품의 가치는 마치 상품이 가진 천부적 속성처럼 보인다. 가치는 화폐로(가격으로) 표현된다. 가치가 상품이 가진 천부적 속성처럼 보인다는 건 결국 가격이 상품이 가진 천부적 속성처럼 보인다는 뜻이다. 상품은 그것에 들어 있는 실제 내용들, 즉 노동과 사회적 관계 때문에 얼마짜리라 여겨지는 게 아니라, 단지 얼마짜리이기 때문에 그에 합당한 내용을 가진 거라 여겨진다.[57.1] 그런 전도 현상을 통해 상품은 우리 앞에 제 발로 선다. 바로 '상품 물신성' 현상이다.[57.2]

57.1 이른바 명품(고가 사치품)이나 고가 전략을 고수하는 상품은 그런 현상을 적극적으로 이용한 사례라 할 수 있다.

57.2 "예를 들어 목재로 탁자를 만들면 목재의 형태는 변한다. 이러한 변화에도 불구하고 탁자는 여전히 목재이고 우리가 지각할 수 있는 평범한 물건이다. 그러나 탁자가 상품으로 등장하자마자 감각으로는 지각할 수 없는 물건이 되어버린다. 탁자가 자신의 다리로 바닥에 서 있을 뿐만 아니라, 다른 모든 상품과 마주보고 거꾸로 서기도 하며, 나무로 된 자신의 머리로부터 저절로 춤을 추기 시작한다는 것보다 훨씬 터무니없는 생각을 펼쳐나간다."°

° 카를 마르크스, 《자본》 1권 상, 황선길 옮김, 라움, 2019, 115쪽.

물신성은 자본주의라는 '상품 생산 사회'에서만 나타난다. 노예제나 봉건제에서 노동 생산물은 노예와 주인, 농노와 영주라는 사회관계의 산물이라는 게 있는 그대로 드러나 있다. 농노는 생산물을 영주에게 공납할 때 생산물에 들어간 제 노동과 그 크기를 뚜렷하게 안다. 생산물은 상품이 아니기에 (교환가치를 포함하지 않고 사용가치에 머물기에) 생산물이 스스로 자립하거나, 인간의 사회적 관계를 상품의 사회적 관계로 바꾸거나 하는 일 같은 건 없다. 농노제가 폐지되고 자본주의가 본격화하기 전 과도기에서 독립자영농이나 차지농 경우에도 생산과정과 생산물의 실체가 투명하므로 물신성 같은 건 나타나지 않았다. 자본주의 이후 사회, '상품을 매개로 하지 않는' 새로운 사회 역시 물론 그럴 것이다.[58.1]

58.1 물신성은 본디 인간이 어떤 대상에 주인의 지위를 부여하고 모시고 숭배하는 '주객전도' 현상을 표현한 말이다. 그 대상을 나무나 바위 같은 자연물이 아니라 자본주의사회의 제도나 개념 같은 걸로 바꾸어서 '○○물신성' '××물신성'이라고 부르는 경우가 있다. 틀린 말이라 할 순 없지만, 마르크스가 말하는 물신성과는 거리가 멀다.

우리는 흔히 자본주의사회에서 인간과 인간이 진정한 관계를 갖기 어려운 원인이 자본주의가 길러준 이기심이나 이해타산의 습성이라 말한다. 그러나 자본주의의 무엇이 그런 습성을 길러주는가? 바로 물신성이다. 자본주의사회에서 인간은 상품 교환의 방식으로 관계를 갖는다. 상품 물신성에 의해 '인간의 사회적 관계'는 '상품의 사회적 관계'로 대체된다. 상품의 사회관계에서 우애나 환대 같은 건 성립하지 않는다. 이기심이나 이해타산의 습성은 당연하며 자연스럽다.

모든 인간은 개성이나 인격적 면모와 상관없이 다른 모든 상품들과 함께 '가격'으로 표현된다.[60.1] 물론 품위나 위엄도 가격 순이다. 높은 가격을 가진 인간은 진심으로 존중받고 낮은 가격을 가진 인간은 진심으로 무시된다. '빈곤한 활동가'의 특별한 식견을 담은 이야기보다 '개념 있는 부자'의 그저 상식적인 이야기가 더 깊은 사회적 의미를 부여받는 일은 이상할 게 없다. '노동자는 왜 자본주의사회를 받아들이는가?'라는 질문은 의미를 잃는다. 물신성이 자본주의가 지속하는 근본적 힘이다. 원시인이 자연현상에 대해 그랬던 것처럼, 인간은 도무지 해명할 수 없는 것에 대해 '원래 그런 것'이라 치부하는 습성이 있다. 물신성에 대한 이해가 없는 현대인에게 자본주의에서 삶은 해명할 수 없는 자연현상 앞에 선 원시인과 다를 바 없다.

60.1 임금이나 자산 같은 직접적 가격, 그리고 학벌이나 사회·문화 자본 같은 간접적 가격이다. 물신성이 본격화하지 않은 자본주의 사회에서 돈과 관련하여 제 나름의 철학을 갖고 살아가는 사람을 적잖이 볼 수 있다. '돈이 좋은 것이긴 하지만, 또 돈이 많아서 잃거나 힘든 것도 있더라' '없는 사람들끼리 정을 나누며 사는 것도 괜찮아' 같은 말을 하는 사람들 말이다. 물신성이 본격화하면 그런 사람들이 사라진다. 인간을 상품의 가치로 평가하는 사회를 받아들일 뿐 아니라, 가담한다. 물론 평가 대상엔 자기 자신도 포함된다.

물신성은 자본주의사회 지배계급이 피지배계급에 심어준 지배 이데올로기가 아니다. 이전 사회보다 좀더 복잡하고 정교해진 정치적 종교적 환상이나 허위의식도 아니다.[61.1] 물신성은 피지배계급과 지배계급을 막론하고 사로잡혀 살아가는 자본주의적 환상이다. 물신성은 자본주의 시스템의 원자인 상품에 실재한다. '상품 생산 사회'로서 자본주의가 지속하는 한 물신성은 지속하며, 물신성이 지속하는 한 자본주의도 지속한다.[61.2] '지배 이데올로기를 폭로하고' 인민에게서 '이데올로기의 허위의식을 벗겨내어' 자본주의를 극복할 수 있다는 흔한 믿음은 오류다.

61.1 자본주의사회에서 국가기구, 교육과 미디어 같은 이데올로기 장치들이 인민에게 지배 시스템의 실체를 은폐하며 허위의식을 만들어낸다는 생각, 후기 자본주의 들어 그런 장치들이 도무지 해명하기 어려울 만큼 복잡하고 정교해졌다는 생각은 마르크스주의자를 넘어 자본주의에 비판적인 사람들에게 일반적이다. 물신성을 이해하지 못할 때, 모든 건 그저 '해명하기 어려울 만큼 복잡하고 정교해진 이데올로기'라고밖엔 말할 수 없다.

61.2 자본주의 시스템에 대해 지식과 식견을 가진다는 사실이 근본적인 차이를 만들어내진 않는다. 자본주의에 대해 매우 비판적이지만 개인으로서 삶은 자본주의에 순응하는 '앎과 삶의 분리'는 그의 윤리 문제라기보다는 그의 삶이 물신성에 포획되어 있기 때문에 나타나는 자연스러운 현상이다. 즉 물신성이 윤리를 변형시킨다. 그것은 물신성이 오늘처럼 전면화하지 않은 19세기나 20세기 초의 인텔리들은 급진적 지식이 혁명적 실천으로 이어지는 경우가 많았다는 사실로도 확인된다.

계급사회로서 자본주의의 특별함은 지배계급이 주인이 아니라는 점이다. 유일한 주인은 자본, 즉 물신이다. 지배계급은 물신의 명령과 의지를 따라 제 역할을 수행하는 '지배계급 역할을 맡은 노예'일 뿐이다. 인터넷 시대의 슈퍼 자본가는 단지 성공한 부자가 아니라 세상을 바꾸는 혁명가이자 선지자로 추앙된다. 세계의 부모들은 제 아이가 그들처럼 되길 꿈꾼다. 그들이 인류의 현실과 나아갈 바에 대해 설파할 때 감히 귀 기울이지 않는 사람은 없다. 그러나 그들이 그런 존경과 권위를 유지하는 유일한 이유는, 어떤 정신적인 것도 아닌 이윤 창출의 성과다. 성과가 추락하는 순간 그들의 존경과 권위도 사라진다. 그들은 노예이며 그들의 혁신과 창의성은 노예의 혁신과 창의성이다. 이 최고급 노예들은 여느 노예처럼 '노예나 다름없는 삶'을 한탄할 줄조차 모른다.

상품 물신성은 '화폐 물신성'으로 이어진다. 화폐에 익숙한 우리는 화폐를 원래 존재하는 자연물처럼 여긴다. 그러나 화폐는 엄연히 사회적으로 생겨났다. 상품의 가치가 노동(추상적 인간노동)에 있고 그 크기는 노동시간(사회적 필요노동시간)에 있다면, 왜 상품의 가치는 '3시간짜리' '7시간짜리' 식으로 표현하지 않고 '5천원짜리' '10만원짜리' 하는 식의 화폐 형태로 표현할까? 자본주의에서 화폐는 단지 상품 교환을 편리하게 하는 수단이 아니다. 상품의 가치는 교환을 통해 사회적으로 만들어진다. 화폐는 바로 그 일을 담당한다. 화폐는 모든 상품들을 '전체 상품 세계'와 연결하고 관계 맺어준다. 개별 상품은 화폐를 통해 비로소 가치로서 표현되며, 전체 상품 세계의 일원으로 활동하게 된다. 화폐 없는 자본주의는 존재할 수 없다. 그런데 인간의 눈에 화폐로 표현된 가치는 화폐가 가진 '천부적 속성'처럼 보인다. 여기에서 화폐에 집착하고 숭배하기까지 하는 화폐 물신성이 나타난다.[63.1]

63.1 화폐는 원래 금이다. 지폐는 원래 '금 보관증' 같은 것이고, 모든 정부는 실제로 보유한 금만큼 지폐를 찍어냈다. 금본위제도는 1차 세계대전과 1930년대 대공황의 결과로 사실상 폐지된다. 그 이래로 지폐는 불환지폐, 즉 종잇조각일 뿐이다. 그러나 화폐 물신성은 화폐가 갖는 사회적 속성이기에, 화폐가 금인가 종잇조각인가와는 상관없이 나타난다.

협동조합이나 공동체 운동의 역사에는 자본주의 문제의 본질이 화폐에 있다고 보고, 화폐를 '노동 증서' 같은 걸로 대체하는 방법으로 자본주의를 극복할 수 있다는 아이디어가 이어져왔다. 이런 아이디어는 대체로 존중할 만한 의도에서 나왔지만, 화폐 물신성의 유서 깊은 좌익 버전이기도 하다. 화폐 없는 자본주의는 존재할 수 없다. 그러나 이 말은 화폐만 없애면 자본주의를 극복할 수 있다는 의미가 아니다. 자본주의를 둔 채 화폐만(혹은 화폐부터) 없애는 건 불가능하다는 의미다. 자본주의하에서 화폐를 다른 것으로 대체하면 그게 새로운 화폐 역할을 하게 된다.

화폐 물신성은 다시 '자본 물신성'으로 이어진다. 이윤은 노동자의 노동에서 뽑아낸 잉여가치지만 자본이 만들어낸 것처럼 보인다. 자본가는 이윤을 자금을 빌린 은행과 건물이나 토지를 빌린 지주와 나눈다. 이윤, 이자, 지대 모두 노동자의 잉여노동이라는 한 우물에서 길어 올려진다. 그러나 임금이 노동력의 가치임에도 노동의 대가처럼 보이듯, 이자는 자본이 만들어낸 것처럼, 지대는 토지와 건물이 만들어낸 것처럼 보인다. 자본이나 토지와 건물은 가치가 열리는 신비로운 나무가 아니다.[64.1]

64.1 이 세 가지 착시, 즉 노동력의 가치인 임금이 노동의 대가로 보이고, 이윤과 이자는 자본에서 만들어진 것으로 보이며, 지대는 토지와 건물에서 만들어지는 것으로 보이는 현상이 '물신성의 삼위일체'°를 이룬다.

° 카를 마르크스,《자본론》3권 하, 김수행 옮김, 비봉출판사, 2015, 1033쪽.

노동, 자본, 토지라는 부의 3대 원천이 전도되고, 그걸 기반으로 정치, 법, 학문, 과학, 예술, 윤리, 종교, 교육, 가족, 에로스 같은 것들이 구축된다. 바로 자본주의사회다.

그것은 마술에 걸려 왜곡되고 뒤집힌 세계이며, 자본 선생 Monsieur le Capital과 토지 여사Madame la Terre가 사회적인 인물이자 단순한 사물로서 괴상한 춤을 추고 있다.°

그러나 '마술에 걸려 왜곡되고 뒤집힌 세계' 속에서 살아가는 인간에게 그 세계는 '이성이 작동하는 합리적 세계'다. 결국 마술에 걸려 왜곡되고 뒤집힌 세계가 만들어내는 모든 사태와 문제는 그 세계가 제대로 작동하지 않아서, 혹은 그 세계의 룰을 위반해서 생긴 일로 여겨진다. 법치나 사회윤리의 촉구, 상식과 합리성의 요구들은 마술에 걸려 왜곡되고 뒤집힌 세계를 옹호하는 외침이 된다.65.1

° 카를 마르크스, 《자본론》 3권 하, 김수행 옮김, 비봉출판사, 2015, 1053쪽.

65.1 베냐민Walter Benjamin은 〈종교로서 자본주의〉(1921)라는 미완성 에세이에서 이렇게 적는다. "자본주의에서 일종의 종교를 볼 수 있다. 즉 자본주의는 예전에 이른바 종교들이 그 답을 주었던 것과 똑같은 걱정, 고통, 불안을 잠재우는 데 핵심적으로 기여한다."° 베냐민은 자본주의가 어떤 교리도 신학도 없는 순수한 제의 종교라 말한다. 이 종교는 평일이 없이 늘 성일이며, 이 종교의 제의는 영원히 지속하며, 이 종교는 죄를 벗어나게 하는 게 아니라 끝없이 죄 속에 머물게 한다. 노동자는 이 구원 없는 종교 속에서 '꿈도 자비도 없는' 삶을 살아간다.

° 발터 베냐민, 《발터 벤야민 선집》 5권, 최성만 옮김, 길, 2008, 121쪽.

자본주의는 계급사회로서 해결 불가능한 빈부 격차를 만들어낸다. 그러나 자본주의 물신성은 빈부를 막론하고 관철된다. 상품 물신성은 상품의 '필요'와 무관하다. 생활을 위해 필요한 상품이 모자라는 빈곤한 사람은 물론, 넘쳐나는 부유한 사람도 다르지 않다.[66.1] 모든 사람이 물신성에 빠지는 일은 개인의 의식 변화가 아니라, 인간 자신을 포함하여 인간의 삶과 관련한 것 중 '상품이 아닌 게 없게 된' 사회에 기인한다. 그런 사실에 대한 뚜렷한 인식과 합당한 투쟁이 없는한, 개인이 제 윤리의식이나 의지만으로 물신성에 빠지지 않기란 불가능하다. 그저 외양상 덜 추할 수 있을 뿐이다.

66.1 《사피엔스Sapiens: A Brief History of Humankind》(2015)나 《팩트풀니스 Factfulness》(2018) 같은 인류의 역사와 현실을 거시적으로 조망한다 고 선전되는 베스트셀러들은 여러 통계와 지표들을 나열하며 지 난 20년간 세계 인구에서 극빈층 비율이 절반으로 줄어드는 등 세 상은 점점 좋아지는데, '팩트를 부정하는 극적인 심리'로 사람들 은 세상이 점점 나빠지고 있다고 믿는다고 지적한다. 그렇다면 특 별한 수준의 부와 안정을 누리는 사람들이 끝없는 우울증에 시달 리고, 10대 자녀의 예측 못 할 자살을 근심하는 이유는 무엇인가? 사태의 진실은 지난 20년간 세계적으로 강화한 물신성에 있다. 사 람들은 그로 인한 고통과 우울의 원인을 해명할 수 없기에 '팩트 를 부정하는 극적인 심리'로 원인이 존재하는 가상세계를 만든다.

'인간 본성'이란 대개 인간이 특정한 사회 시스템 내에서 살아가면서 그에 적응하며 만들어진 '사회적 본성'이다. '인간은 이기적인 동물이며 자본주의가 인간 본성에 부합한다'는 흔한 말은 바로 물신화한 인간 본성을 말한다. 물신화한 인간 본성은 유전자에 새겨져 있는 유적 존재로서 인간 본성과 갈등을 벌인다. 어떤 사람의 인간적 면모보다 그의 가격을 우선시하며, 연봉이나 인정욕구 때문에 하고 싶지 않은 노동을 지속하며, 뛰어놀 시기에 밤늦도록 학원을 도는 아이를 보며 불현듯 '이건 아닌데' 멈칫거린다. 그러나 이내 '현실이 어쩔 수 없지' 되뇌며 자신을 추스른다.[67.1] 물신세계에서 삶이란 번민과 체념의 무한반복을 통해 위엄, 존경, 사랑 같은 것들을 삭제해가는 공정이기도 하다.

67.1 '현실적'이라는 말의 의미 변화는 물신성의 상태를 드러낸다. 물신성이 본격화하지 않은 사회에서 '현실적'이라는 말엔 부정적 의미가 담겨 있다. 꿈, 낭만, 신념, 삶의 철학보다 눈앞의 이해타산에 집중하는 사람은 '현실적인 사람'이라 경멸받는다. 물신성이 본격화한 사회에서는 반대다. 눈앞의 이해타산보다 꿈, 낭만, 신념, 삶의 철학을 좇는 사람은 '비현실적인 사람'이라 경멸받는다.

물신성 본격화는 노동자의 '자발적 착취' 경향을 만들어낸다.[68.1] 자기계발은 그걸 대변하는 말이다. 전통적으로 노동자는 기껏해야 '회사가 잘되어야 나도 잘된다'는 순응 상태를 유지한다. 자기계발은 그걸 뛰어넘어 노동자가 자신에 대한 자본가의 고민과 수고를 분담하는 일이다. 내가 더 효율적으로 착취될 수 있도록, 더 많은 잉여가치를 뽑아낼 수 있는 나의 지적·신체적 상태를 유지하도록 노력하는 일이다.[68.2]

68.1 한병철은 《피로사회》에서 후기 자본주의는 자발적 착취 사회이기에 외부의 착취자는 없다고 단언한다. 모든 사회 변화가 그렇듯 착취 형태의 변화는 이전 형태가 일제히 사라지고 새로운 형태가 전면화하는 방식으로 이루어지는 건 아니다. 21세기에도 20세기식 착취 형태는 물론 19세기식 수탈도 존재한다. 그와 관련한 '노동 탄압' '갑질' '천민자본주의' 같은 논란은 자발적 착취를 착취가 아닌 것처럼 보이게 한다. 노예가 자신을 채찍질할 권리를 갖는다고 해서 주인이 되는 건 아니다.

68.2 물신화는 사람들의 언어나 윤리 감수성도 재구성한다. 물신화 속도가 급격할 때 변화는 좀더 불거진다. 사람들은 낯모르는 사람을 '사장님'이라 부르기 시작한다. 사교육 업자나 부동산투기 업자들이 나누던 대화가 여느 사람들의 일상적 대화가 되고, 미용이나 연예 산업 종사자들이나 사용하던 은어와 업계 용어가 보편어가 되고, '퇴폐적 대중문화'를 개탄하던 보수주의자는 어느새 10대 걸그룹 여성의 과도한 노출이나 성적 표현에 관대하기만 하다. 정치인으로서 차근차근 성장하여 전문성을 확보한 사람보다는, 사회적으로 화제가 되거나 이목을 끈 사람이 단박에 정치인으로 부각되는 '정치 연예화' 현상 역시 물신화가 사람들을 변화시킨 결과라 할 수 있다.

물신성은 자본주의에 반대하거나 투쟁하는 형태로도 나타난다. 자본주의 극복을 자본주의 경제 변혁과 동일시하는 사회주의자는 물신성에 빠져 있다. 경제 변혁은 자본주의 극복의 필수적 요소이자 과정이다. 그러나 자본주의 극복의 목적은 정의롭고 인간적인 경제 시스템을 만드는 게 아니라, 인간이 '경제 차원'을 벗어나 더 고양된 삶을 구현하는 데 있다. 오늘 무수히 볼 수 있듯, 사회 변화의 의미나 성과를 경제 차원으로만 계량하는 좌파 역시 물신성에 빠져 있다고 할 수 있다.

'기본 소득basic incom'은 그 옹호론자들이 말하듯 즉각적으로 빈곤 문제 완화에 도움을 줄 수 있다. 그러나 동시에 물신성 강화에 도움을 준다. 물신성은 상품에 존재하며, 물신성 극복은 인간의 삶과 관련한 것들 중 상품인 것을 줄이거나 없애나가는 일과 관련이 있다. 기본 소득은 그 부분은 일절 건드리지 않고 상품의 구매력만 높여준다. 기본 소득은 상품인 것을 줄이는 게 아니라 늘리는 데 기여한다고 할 수 있다. 기본 소득이 갖는 현실적 미덕을 다 부정할 이유는 없다. 자본주의하에서 경제 상황 개선이 목표라면 기본 소득은 의미 있는 아이디어가 분명하다. 다만 '자본주의 극복'과는 방향이 다르다.

인민은 '혁신 경배'에 동참함으로써
제 의식과 세계에서 혁명을 지운다.

물신성은 자본주의 상태에 따라 다르게 나타난다. 특히 사회에 존재하는 비자본주의적 요소들은 물신성을 억지한다. 자본주의사회지만 여전히 인민에게 전근대적 농촌공동체 습속이 많이 남아있는, 삶과 관련한 많은 것들이 아직 상품이 아닌 사회에서 물신성은 억지된다.[71.1] 그런 사회도 자본주의가 발전함에 따라 물신성도 본격화한다. '인심이 야박해졌다' '이웃끼리 정이 없어졌다' 같은 개탄은 그런 변화에 대한 피상적 반응이라 할 수 있다. 자본주의사회지만 사회주의 요소들이 도입되어 있는, 의료·교육·주택 같은 생활의 기본 요소들이 상품이 아니거나 상품의 속성이 덜한 사민주의 복지사회에서도 물신성은 일정하게 억지된다. 그 사회들에서 사람들이 좀더 인간적이고 여유로운 태도를 보인다면 그것은 흔히 말하듯 '경제적 안정' 때문이 아니라 물신성이 적기 때문이다. 전근대 농촌공동체에서 사람들에게 인심이나 정이 있었던 게 그들이 경제적 안정을 누렸기 때문은 아니듯 말이다. 신자유주의 세계화 이후 이 사회들에 대해 '분위기가 예전 같지 않다'고 말하는 경우가 많아졌는데, 역시 물신성 강화 때문인 셈이다.

71.1 이른바 '국가별 행복도' 조사 같은 걸 호의적으로 받아들이긴 어렵지만(인간 행복을 일률적 지표로 표현할 수 있는가를 비롯하여), 그 순위가 소득 순위와 반드시 비례하지 않고 가난하지만 행복도가 높은 사회가 존재하는 것도 이와 관련이 있다고 할 수 있다.

자본주의화 속도 또한 물신성의 강도와 관련 있다. 오랜 독재정치나 권위주의 사회에서 집단주의적 삶을 강요받아온 사람들에게 '자유'와 '민주주의'는 절실할 수밖에 없다. 그들은 자유와 민주주의를 얻기 위해 목숨을 바쳐가면서까지 싸운다. 그런데 이게 또 다른 비극을 낳는다. 자유가 절실할수록 자유의 의미를 분별하기 어렵다. 자유는 자유주의적 자유로, 민주주의는 부르주아 민주주의로 오해되는 것이다. 오랜 싸움 끝에 자유와 민주주의를 쟁취하고 다들 환호하는 사이, 즉 자본화에 대한 경계의식이나 견제가 해제된 사이 매우 빠르게 전면적인 물신사회로 치닫게 된다. 자유가 생기고 민주화할수록 실제 삶은 오히려 더 억압되고 불안해지는 상황은 의아한 것이지만, 개인이 제 힘으로 그 전모와 실체를 파악하기는 어렵다. 그러려 하지도 않는다. 그들은 이미 자유주의적 개인, 즉 물신세계의 요소가 되었기 때문이다.[72.1]

72.1 이런 사회는 자유주의적 개인이 극단화할 뿐, 국가나 가족 또는 회사 같은 조직이 개인을 억누르는 집단주의 습속의 잔재는 여전한 경우가 많다. 여기에서 한 번 더 혼선이 빚어진다. 집단주의 잔재를 없애는 일이 중시되면서 개인주의의 미덕이 분별없이 강조된다. 여기에서 개인주의는 자유주의적 개인주의일 수밖에 없다. '개인주의자 선언'은 상품으로서 경쟁에서 우위에 선 사람들의 '승리 선언'으로 전락한다.

한국이 민주화 이후 불과 20여 년 만에 세계 최고의 자살률과 세계 최저의 출산율을 기록하고 젊은 세대가 제 나라를 '지옥(헬조선)'이라 부르게 된 건 한국이 이전보다 빈곤해져서는 아니다. 경제 양극화 역시 전적인 이유는 아니다. 원인은 한국인들이 삶과 관련한 모든 것들(자기 자신을 포함하여)이 지나치게 빠른 속도로 상품화하며, 삽시간에 극단적 물신사회에서 살게 되었다는 데 있다.[73.1] 유례없는 물신화 속도와 강도의 충격 속에서 개인들이 제 나름의 삶의 의미를 유지하거나 찾는 일은 거의 불가능했다.

73.1 교육 현실은 그 모든 걸 압축해서 보여준다. 교육 부문에서 민주화는 단지 교육제도 내에서 폭력이나 권위주의 해소를 의미하지 않는다. 아이들이 경제적 사회적 환경과 무관하게 최선의 교육을 받을 수 있는 공교육 시스템이 마련되고, 제 개성이나 자질에 맞게 다양한 진로를 선택할 수 있어야 한다. 민주화 이후 한국은 공교육이 망가지고, 모든 아이가 대학 입시라는 한 경로에 줄 세워져 인생의 등급이 매겨진다. 그 결정적 조건은 진보와 보수를 넘어선 부모의 경제적 사회적 배경이다. 교육 현실은 한국 민주화가 협소한 의미에서 정치적 민주주의에만 집중되고, 결국 '물신적 전체주의 사회'로 귀결했음을 적나라하게 보여준다.

자유주의 정치는 그 자체로 물신성의 정치적 표현이다. 물신성과 자유주의 정치는 비례관계에 있다. 자유주의 정치가 강한 사회일수록 물신성이 강한 사회라는 뜻이다. 두 자유주의 정치세력, 즉 자유주의 세력과 자유방임 시장주의를 기반으로 한 보수적 자유주의(보수주의) 세력이 정치를 장악하다시피 한 미국과 한국이 대표적이다. 이들 사회에서 자유주의 세력이 '가짜 진보'임을 폭로하는 일은 상황에 그다지 큰 영향을 끼치지 않는다. 인민은 '자유주의 정치 범주'만이 합리적이라 여기기 때문이다.[74.1] 두 자유주의 세력은 지배계급의 두 축으로서 적대적 공생관계를 이루며 노동계급과 대립하고, 또한 자유주의를 넘어서는 급진적인 정치세력이나 운동과 대립한다.[74.2]

74.1 인민은 속고 있는 게 아니라 합리적 선택을 하고 있다. 한국에서 자유주의 세력에 진보적 사회 변화를 기대하는 '비판적 지지'는 30여 년간 지속되어왔다. 어긋난 기대와 당연한 실망의 무한 반복은 언제나 보수주의 세력의 집권을 막아야 한다는 논리로 강변된다. 비판적 지지를 반대하는 사람들은 인민이 자유주의 세력에 속고 있다고 말한다. 그러나 강도 높은 물신성에 포획되어 있는 인민은 물신성의 정치적 표현인 자유주의 정치 범주를 넘어서려 하지 않는다. 그 범주만이 현실적 의미를 갖는다고 판단하기 때문이다. 2004년 17대 총선거에서 민주노동당이 10석(정당 득표율 13.1퍼센트)을 얻고 성공적 의회 진출을 이룬 일은 뿌리 깊은 반공주의의 희석과 함께 자유주의를 넘어선 정치에 대한 인민의 열망을 반영하는 사건이었다. 급속한 물신화는 그 모든 것을 집어삼킨다. '비판적 지지'가 되살아나고 좌파 정당이나 급진적 사회운동은 꾸준히 위축되어왔다.

74.2 최근 미국 젊은 세대에서 사회주의 바람은 미국 사회가 한국과 달리 이 구조를 빠져나가고 있음을 알려준다. 이 책 (112)에서 더 살펴본다.

75

물신성 전면화는 사회운동의 자유주의화, 계급 운동 쇠퇴와 시민운동의 부상으로도 나타난다. 자본주의사회에서 인민은 '노동자이자 시민'의 정체성을 가지며, 노동운동은 곧 시민운동이기도 하다. 그러나 여기에서 '시민'은 인민에게서 노동자 계급성 삭제에 방점이 있다. 시민운동은 부르주아 민주주의와 자본주의의 정상성을 목표로 하며, 사회운동인 동시에 자유주의 정치의 또 다른 형태이기도 하다. 시민운동은 '아름다운 세상' '희망' '나눔' '상상력' 등 감성적 미사여구로 계급운동에 낡고 경직된 이미지를 심어주고, 인민의 계급적 분노나 문제의식을 순치한다. 바꿔 말해서, 시민운동은 '자유주의적 개인'이라는 인민의 물신화한 정체성에 충실히 부응한다.

초기 마르크스주의자들은 자본주의가 발전할수록, 인원이 많고 노동조합이 조직된 사업장의 노동자일수록 계급의식이 진전하고 혁명적 태도를 보일 거라 믿었다. 그런데 반대 상황이 펼쳐진다. 19세기 후반 영국에서 산업혁명과 독점, 식민지 착취 등으로 만들어진 막대한 초과이윤의 수혜를 입은 숙련 노동자들이 중산층화, 체제 내화한다. 그들은 마르크스주의자에게서 격렬한 비난의 대상이 된다. 엥겔스는 그들에게 처음으로 '노동귀족'이라는 이름을 붙이며 사회주의 운동의 발전을 가로막는 원흉이라 규정한다.[76.1] 그러나 노동귀족은 노동자 개인 인격의 타락이 아니라 물신성의 발현, 물신성이 노동자 개인 인격을 사로잡아 나타나는 현상이다. 마르크스주의자들이 계급의식이 진전하고 혁명적 태도를 보일 거라 믿은 조건은, 동시에 물신성이 본격화하는 조건이었다.[76.2] 노동귀족은 일부 노동자의 윤리적 일탈이 아니라 모든 노동자에게 내재한, 조건만 이루어지면 나타날 수 있는 '또 하나의 계급적 속성'이다.

76.1 레닌은 노동귀족을 '부르주아 첩자이자 장교들'이라 비난하곤 했다. 윤리적 차원에 머무는 비난은 오늘도 여전하다.

76.2 마르크스주의 역사학자 에릭 홉스봄Eric Hobsbawm은 1970년대 이후 한국 노동조합운동이 100여 년전 유럽 노동운동에 비견할 만하다고 말한 바 있다. 한국 노동조합운동은 조선, 자동차 등 대공장 노동자들이 앞장선 1987년 투쟁에서 최고조에 이른다. 그러나 오늘 한국에서 대공장 노동조합은 '노동귀족'의 대명사다. 대공장 노동조합이 특권화 체제 내화하는 경향은 어느 사회에나 존재하지만 한국은 특별한 편이다. 물론 그 원인은 1997년을 기점으로 하는 한국 사회의 유례없는 물신화와 관련이 깊다. 예전에 대공장 밀집 지역에서 아이들은 부모가 사무직인가 생산직인가로 나뉘어 놀았지만, 이젠 정규직인가 비정규직인가로 나뉘어 논다.

노동귀족은 '분리 지배'의 조건이 된다. 지배 시스템은 대기업-중소기업 간의 불공정한 원·하청 관계 등에서 생겨나는 초과이윤을 활용하여 대기업 정규직 노동자를 중산층화하고, 나머지 혹은 신규 고용은 저임금과 조직력이 약한 저임금 비정규직, 하청 노동 등으로 대체한다. 정규직 노동자는 비정규직과 연대를 외면하고, 비정규직 노동자는 노동귀족에게 반발하는 분리 상태가 안정화한다. 시스템은 총 노동비용을 고정하거나 오히려 줄이면서 노동자계급 전체를 무력화할 수 있다.[77.1]

77.1 노동자계급의 연대는 경제 차원을 넘어서 이루어진다. 이를 테면 '산업별 연대 임금'을 주제로 연대 투쟁을 벌일 때, 임금수준이 높은 대기업 정규직 노동자는 적어도 단기적으로는 임금 하락을 감수해야 한다. 그런데도 연대하는 이유는 처지가 못한 노동자에 대한 동정심이나 윤리의식을 넘어, 시스템의 변혁을 좇기 때문이다. 즉 그들은 '새로운 사회에서라면 당연한 것'을 선취한다. 중산층 생활에 익숙해져 노동시간을 줄이려 하기보다 잔업과 특근을 더 따내려 투쟁하는 노동자가 계급 연대에 나서진 않는다. 변혁은커녕 어떤 변화도 바라지 않는다. 연대와 물신적 합리성은 대립한다.

전통적으로 자본의 이윤 추구는 '성장growth'이라는 말로 미화되었다. 성장은 자본의 이윤 추구와 축적이 자본가와 노동자에게 똑같이 이득이 되는 일인 것처럼 기만하는 말이다.78.1 그러나 인민의 의식이 진전하고 산업자본주의가 퇴조함에 따라 성장 논리는 설득력을 잃는다. 본격화한 물신세계에서 자본의 이윤 추구를 미화하는 말은 '혁신innovation'이다. 성장이 노동자를 기만하는 자본의 프로파간다라면 혁신은 자본가의 프로파간다에 노동자의 의식이 신앙적 일치를 이루는 모습을 보인다. 혁신이 자기계발과 자기착취가 만개한 직후 전면적으로 나타난 것도 우연은 아니다.

78.1 흔히 '낙수 효과trickle-down economics'라 표현되곤 하지만, 자유주의 사상의 암묵적이면서도 중요한 기초이기도 하다. 봉건사회는 불평등이 고정되어 있었다. 그러나 자본주의사회는 불평등이 적어도 법적으로 유동적이며(자유경쟁에 따라 변할 수 있으며), 지속적인 경제성장을 통해 하위 계층도 풍요를 누린다는 '합의에 의한 불평등' 사회라 할 수 있다. 물론 이 합의는 자본주의가 계급이 고착하여 신분화하고 지속적 경제성장도 가능하지 않다는 사실이 밝혀짐에 따라 파탄난다.

혁신은 물신 혁명, 혹은 혁명의 자본주의적 재전유[reappropriation]다.[79.1] 그것은 스티브 잡스 이후 혁신의 아이콘인 IT 슈퍼 자본가들이 단지 성공한 부자로서가 아니라 '세상을 바꾸는' 혁명가를 자임하고, 그렇게 추앙되는 풍경으로 잘 확인된다.[79.2] 또한 그들이 '세상을 바꾼다'고 공언하는 한편 사회운동가들은 '일상의 작은 변화'를 강조하는, 우스꽝스럽게 뒤집힌 풍경으로도 한 번 더 확인된다. 인민은 혁신 경배에 동참함으로써 제 의식과 세계에서 혁명을 지운다. '혁명은 가능한가?' 같은 질문은 아예 사라진다.

79.1 스타트업, 벤처 같은 것들은 '풀뿌리 혁명 조직의 자본주의적 재전유'인 셈이다.

79.2 잡스가 세상을 바꾼 건 사실이다. 그가 '인간과 인간을 연결하기 위해' 만든 스마트폰은 도구를 넘어 인간의 최근 추가된 신체 기관이다. 잡스는 연결의 편리성이 인간의 연결을 늘릴 거라 믿었다. 스마트폰은 모든 인간을 24시간 연결하여 삶에서 고독의 여백을 삭제했다. 그러나 나에 대해, 관계에 대해 깊이 생각할 수 없게 만드는 연결은 인간의 연결이 아니다.

혁신은 인문학이 자본의 도구가 되는 통로이기도 하다. 인문학은 '인간이란 무엇인가'라는 질문에서 시작해 여러 갈래로 진행되는 사유의 총체다. 인문학은 인간이 자유로운 개인으로 살도록, '자유로운 개인들의 연합'으로서 사회를 구현해가도록 돕는다. 당연히 인문학은 인간을 상품의 가치로 환원하여 일렬로 줄 세우고 가격을 매기는 자본주의와 대립한다. 인문학은 효용성이 아니라 '효용 없음' '쓸모없음'의 영역이다. 인문학은 또 다른 '효용 없음'의 영역인 예술과 함께 인간에게 자본주의 물신성에 대한 면역력을 부여하고 맞서는 힘을 준다. 물신성이 본격화한 사회에서 인문학은 자본주의와 대립하는 게 아니라, 자본주의 혁신의 원천이 된다.[80.1] 'CEO 인문학' '인문학 광고' 따위 형용 모순이 버젓이 유통되고 자연스럽게 받아들여진다.

80.1 대학에서 '인문학의 죽음'을 개탄하는 상황과 달리, 상업화한 인문학 강연이나 텔레비전의 예능 인문학 프로그램 같은 것들이 전에 없이 성행하는 건 그 과정에서 나타나는 현상이라 할 수 있다. 독서 방식의 변화도 그렇다. 물신세계에서 지식은 사유의 재료가 아니라 상품성의 재료이거나 도구다. 좋은 책을 느리게 거듭 읽는 독서 방법은 악덕이 되며, 가장 훌륭한 독서 방법은 책을 빨리 많이 읽는 것이다. '새로운 지식과 정보는 매일 쏟아져 나오는데, 우리는 늘 시간이 부족하다!'는 가련한 탄식과 함께.

인간은 언어로 표현하고 소통한다. '말 언어'만으로도 인간의 기본 생활은 가능하다. 그러나 인간은 그보다 훨씬 더 복잡하고 섬세한 존재다. 인간의 삶은 상징과 모순으로 가득하다. 말 언어 이상의 표현과 소통을 하는 언어[81.1]가 바로 예술이다. 인간에게 예술은 먹고사는 일 다음의 것, 있으면 좋지만 없어도 별 문제없는 것이 아니다. 예술은 인간 정신과 영혼의 공기 같은 것이다. 제아무리 안락해도 예술이 결핍된 삶은 생기를 잃는다. 자본주의가 고도화하고 물신성이 본격화함에 따라 예술은 '문화산업culture industry'으로 바뀌어간다. 문화산업은 20세기 중반 고도 자본주의가 만들어낸 산업주의적 생산물로서, '예술의 형상을 한, 예술과 정반대의 것'이다.[81.2] 문화산업은 말 언어 이상의 표현과 소통과는 무관한 단지 판매되고 구매되는 상품으로, 개인의 개성과 자율성을 소거하고 동일화한다. 신자유주의 이후 예술과 문화산업을 구분하지 않는 경향, 더 나아가 아예 문화산업을 예술로 이해하는 경향이 가파르게 보편화 세계화했다. 오늘 인류는 정신과 영혼의 질식 상태에 놓인 셈이다.[81.3]

81.1 음악학자 크리스토퍼 스몰Christopher Small이 '생물학적 소통 언어' '제스처 언어'라 말한 것이다.

81.2 문화산업은 이 말을 제안한 아도르노Theodor W. Adorno와 호르크하이머Max Horkheimer가 분명히 강조했듯, 고급 예술과 구분하여 대중 예술을 이르거나 폄하하는 말이 아니다. 인민의 자율성을 기반으로 하는 대중 예술은 분명한 예술이다. 영화나 대중음악처럼 애초부터 산업적 생산방식을 갖는 예술을 싸잡아 이르는 말 역시 아니다.

81.3 한국 대중음악은 1990년대에 정치 민주화와 표현의 자유가 진전되면서 매우 다양한 장르와 시도들이 만개했다. 오늘 '한류'라 불리는 한국 대중음악 문화산업은 1990년대와는 비교할 수 없는 지구적 영향력을 갖는다. 많은 한국인은 한류를 자랑스러워한다. 그러나 그 대가로 그들은 대중음악 향유에서 다양성과 자율성을 내주었다.

예술은 사회운동이 아니다. 이 말은 예술이 정치적이지 않다는 의미가 아니라 사회운동과 다르게 정치적이라는 의미다. 사회운동은 단기적이든 장기적이든 현실에서 '실현 가능성'을 요건으로 한다. 물론 사회운동이나 제도정치도 상상력이 필요하지만, 예술과 달리 실현 가능성에 의해 억지된다. 상상력의 면에서 예술, 사회운동, 제도정치의 순서를 이룬다. 예술은 현실 실현 가능성을 넘어선 상상력을 요건으로 한다. 예술 상상력은 사회운동과 정치 상상력의 원천이다. 예술이 사회운동보다, 심지어 제도정치의 진보적 부분보다 상상력을 갖지 못하거나 그것들의 상상력에 귀속되는 건, 퇴행 중인 사회의 뚜렷한 징후다.

혁명적 구호를 외치는 노동자보다 나름의 미적 경험을 향유하는 노동자가 더 혁명적일 수 있다. 인간을 비로소 인간답게 하는 것, 염치는 '미의식'에서 온다. 염치는 아름다움을 추구하는 마음, 추해지지 않으려는 마음이다. 미의식은 자본주의 물신성과 적대한다. 그것은 물신세계가 예술가의 창작활동과 표현의 자유를 억압하는 새롭고 효과적인 방식으로 잘 드러난다. 국가에 의해 표현의 자유가 억압되는 사회에도 체포나 투옥, 심지어 죽음을 무릅쓰고 시스템을 겨냥한 표현을 펼치는 예술가는 존재한다. 물신성이 본격화한 사회(정치적 민주주의가 진전되어 표현의 자유가 상당 수준에 이른 사회인)에서 표현의 자유는 예술가 자신에 의해 억압된다. '진보' 예술가는 어지간한 시민이라면 반감을 갖는 옛 지배 시스템의 잔재나 붙들고 있거나, 시스템에 순치된 이런저런 자본주의 비판 클리셰를 늘어놓으며 국가나 관의 기금으로 연명한다.[83.1]

83.1 이것을 '예술가 구빈법'이라 할 수 있을 것이다. 이 책 32.2에서 살폈듯 예술시장에서 상품으로서 가치가 할애되지 않는 대다수 예술가에게, 창작 활동을 지원하는 예술 기금은 생활 수단의 의미를 갖기 마련이다. 예술가는 선정될 가능성이 높은 내용을 기금 신청서에 적게 되고, 창작 활동은 그만큼 시스템이 허용하는 범주 안에 갇히게 된다. 이 과정은 예술가가 즉각적 반발심을 느끼지 않아도 될 만큼 천천히, 그러나 이전의 검열이나 체포, 투옥보다 견고하게 진행된다.

예술가도 생활하는 인간이며 예술시장에서 소득 불평등이나 공정성 같은 문제들은 물론 중요하다. 그러나 예술가가 제 작업work을 단지 노동labor으로 여긴다면 굳이 예술가일 이유가 없다. 예술가는 공정한 시장을 요구하는 존재가 아니라 시장 그 자체에 질문하는 존재다.

7

이상주의는 '마땅히 그래야 하는
현실'을 좇는 일이다.

2011년 기밀 해제된 한 CIA 보고서는 20세기 후반 서구 지성사와 관련한 의미심장한 자료를 제공한다. 1985년 파리의 CIA 요원들은 〈프랑스, 좌파 지식인들의 전향〉이라는 제목의 이 보고서에서 곧 미국에서 '프랑스 이론' 혹은 '포스트모더니즘'으로 명성을 떨치게 될 저명한 프랑스 철학자들을 분석한다. 보고서의 결론은 이렇다.

학계와 좌파 정당 간의 강력한 연합이 맹위를 떨치던 전후 수십 년이 지난 뒤 프랑스에서 좌파 지식인들이 영향력을 잃어가고 있다. 미셸 푸코Michel Foucault, 롤랑 바르트Roland Barthes, 자크 라캉Jacques Lacan, 루이 알튀세르Louis Althusser 등이 가담한 지금까지 그 무엇보다도 난해하고 기교적이라고 평가받는 구조주의의 흐름은 마침내 마르크스적 전통을 벗어났다.°

° Gabriel Rockhill, 'The CIA Reads French Theory: On the Intellectual Labor of Dismantling the Cultural Left'.

마르크스 당시에 '물신성'은 원시적 형태의 종교를 의미하는 인류학 용어였고, 초기 마르크스 역시 가끔 그렇게 사용하기도 했다. 《자본》에서 이 말이 전혀 다른 차원으로 개진되지만 제대로 이해받지는 못했다.[85.1] 마르크스주의자들에게 그것은 《자본》이라는 '과학'에 걸맞지 않은 군더더기거나, 기껏해야 마르크스가 이전에 말한 '소외'나 '이데올로기'와 비슷한 거라 여겨졌다.[85.2] 자본가와 노동자계급 간의 전선을 어떻게 불거트릴 것인가 골몰하는 사람들에게 '자본가든 노동자든 적용되는 환상'은 이해 여부를 떠나 받아들이기 어려운 이야기이기도 했다. 몰이해는 마르크스주의 역사에서 광범위하게 지속한다.

85.1 《자본》에서 물신성 부분은 분량도 적지만 다른 모든 주요한 주제들과는 달리 적절한 사례들과 함께 기술되지 않는다. 물신성에 대한 몰이해의 원인 중 하나일 것이다. 마르크스는 물신성이 자본주의 본연의 현상임을 규명했지만, 당시 자본주의는 물신성이 전면화하진 않은 상태였다. 전근대적 요소와 잔재들(인민의 일상에 여전했던 습속들을 포함한)이 물신성을 억지했다.

85.2 《자본》 1권에서 '물신성' 개진 이후 마르크스 저작에서 '소외'나 '이데올로기'는 거의 사라진다. 간혹 등장하더라도 이전과 같은 의미는 아니다.

마르크스주의 역사란 마르크스 사상에 대한 오독과 왜곡의 역사이기도 하다. 물신성 논의는 오독과 왜곡의 대상조차 되지 못했다.[86.1] 물신성 논의가 빠진 마르크스 사상은 하나의 '급진적 경제이론'에 머물며 자본주의 시스템의 전모를 해명할 수 없다. 20세기 초까지 마르크스주의자들에게 팽배했던, 자본주의가 자기모순에 의해 '자동 붕괴'할 거라거나 사회주의 생산력 발전이 유토피아를 가져올 거라는 단순한 믿음과 그로 인한 참상들은 이와 관련되어 있다.[86.2]

86.1 소련공산당 중앙위원회 부설 마르크스 · 레닌주의연구소가 공동 저술한 《마르크스 전기》는 관점이나 서술 방식을 떠나 기초자료의 방대함과 문헌적 엄밀성으로 널리 인정받는다. 그러나 '물신성'에 관해서는 단 한 구절도 찾아볼 수 없다.[°]

86.2 이것은 오늘 인민으로 하여금 자유주의자들의 '현실적인 경제 개혁'에 눈을 돌리게 하는 원인이 된다. 사실 경제 상황의 개선이 목표라면 '자본주의 극복'은 누구에게나 지나치게 비현실적이고 과한 방안으로 보인다.

[°] 마르크스 레닌주의연구소, 《마르크스 전기》, 김대웅 · 임경민 옮김, 노마드, 2018.

2차 세계대전으로 자본주의 진영의 지도적 지위를 갖게 된 미국은 소련을 중심으로 한 사회주의 진영을 견제하기 위해 서유럽에 막대한 경제 지원을 한다. 또한 사회주의 진영과 체제 경쟁의 맥락에서 케인스주의와 복지 정책들이 본격화한다. 서유럽 노동자들은 그에 힘입은 호황과 사민주의 복지 정책으로 더 이상 '빈곤한 노동자'가 아니게 된다. 그들은 빠른 속도로 혁명에 대한 관심을 잃어간다.[87.1] '자동 붕괴'하기는커녕 자기모순을 수정 보완해내며 더 한층 고도화하는 자본주의는 마르크스주의자들에게 충격일 수밖에 없었다. 미국 자본주의가 이룬 압도적 대량 소비 체제와 노동자의 의식과 감각을 완전히 장악한 문화산업은 아예 그들 상상력의 범주를 넘어섰다. 설상가상으로 1956년 흐루쇼프는 스탈린주의 개인숭배를 공식 비판하고, 한편으론 헝가리 민주 시위를 무력으로 진압한다. 소련과 현실사회주의에 대한 낭만적 동경이 박살난다. 세 가지 거대한 충격 앞에서 서구 마르크스주의자들은 사상적 공황 상태에 접어든다.[87.2]

87.1 이것은 또한 혁명에 대한 오해에 기인한다. 사회주의 운동 초기 노동자계급은 절대빈곤이 만연했고 혁명의 가장 긴급한 숙제는 노동자가 절대빈곤을 벗어나는 것이었다. 그 숙제가 혁명의 목표가 될 때, 절대빈곤을 벗어난 노동자는 '혁명이 필요 없게' 된다.

87.2 자신들의 오류나 마르크스 사상에 대한 오해를 성찰하려는 경우는 매우 적었다. 대개는 모든 상황을 마르크스 본연의 오류와 한계로 돌렸다. 그들은 펼쳐진 상황을 '20세기 고도 자본주의 고유의 상황'이라 규정한다. 19세기 자본주의를 기반으로 한 마르크스의 자본주의 분석은 더 이상 유효하지 않다는 의미다.

스탈린주의에 대해 실망한 많은 서유럽 마르크스주의자들이 공산당을 탈당하여 '신좌파' 그룹을 형성한다. 그들의 눈에 '청년 마르크스'가 들어온다. 1844년 저작이지만 20세기 들어서야 공개된 《경제학 철학 초고》를 비롯한 마르크스의 초기 저작들에서 그들은 인간소외에 대한 고뇌로 가득한 휴머니스트를 발견한다. 청년 마르크스에 대한 주목은 《자본》 이후 마르크스를 스탈린주의와 연결 짓는 것이기도 했다. 여기에서 신좌파의 결정적 오류가 만들어진다. 후기 마르크스는 휴머니즘을 버리고 과학으로 간 게 아니라, 휴머니즘에 더 깊이 천착하기 위해 자본주의 경제에 대한 과학적 분석을 진행했다. 물신성 논의는 그 주요한 성과다.[88.1]

88.1 신좌파의 사상적 효시라 할 게오르크 루카치Georg Lukacs는 《역사와 계급의식》(1923)에서 '인간의 사회적 관계들이 사물의 사회적 관계로 나타난다'는 마르크스의 서술에 근거해 물신 현상을 '물화reification'로 요약한다. 물화를 통해 인간은 '제2의 자연'에서 살아가게 된다. 그러나 노동자계급에겐 자본주의 이데올로기에 가려진 본원적 '귀속의식'이 있으며 '계급의식'을 통해 그걸 드러낼 수 있다는 것이다. 그러나 물신성은 계급을 막론하고 관철한다. 노동자계급이라고 해서 그걸 막을 수 있는 신비한 능력을 내포한 건 아니다. 노동자계급은 사회관계로 형성된 정체성일 뿐이다.

프랑크푸르트학파는 예의 '문화산업' 논의를 비롯하여, 고도 자본주의사회에서 인간소외 현상을 매우 정교하고 통찰력 있게 분석한다. 그러나 그들은 소외 현상의 원인인 물신성을 자본주의 경제 분석과 연결 지어 파고들지 않고, 철학적 심리학적 차원에 머무는 한계를 보인다. '경제 떼어내기'[89.1]는 그들이 의도하진 않았을 폐해를 만들어내는데, 자본주의 비판을 자본주의 극복 운동으로부터 분리해낸 것이다. 시스템 안에서 안정과 기득권을 누리는 중산층 인텔리들이 자본주의 인간소외 현상을 철학적 심리학적 차원에서 비판하고, 자본주의 극복을 좇는 사람들은 낡은 구좌파라 치부되는 경향이 생겨난다.[89.2] 경제 떼어내기의 폐해는 이후 프랑크푸르트학파나 신좌파를 넘어 서구 마르크스주의 전반에서 나타난다.

89.1 이 책 (87)에서 '경제이론에 머문다'는 이야기가 자본주의 분석의 총체에 이르지 못하고 경제 차원에 머문다는 이야기라면, '경제 떼어내기'는 자본주의 분석의 총체에서 경제라는 토대를 떼어낸다는 의미다. 전자는 현실사회주의에서, 후자는 20세기 중반 이후 서구 마르크스주의에서 주로 나타난다.

89.2 오늘 아도르노와 호르크하이머, 마르쿠제Herbert Marcuse, 프롬 Erich Fromm 등의 철학적 사회심리학적 논의는 대개 급진적으로 사용되지 않는다. 중산층 인텔리들이 자신을 포함한 계급적 현실은 접고 자본주의의 비인간성을 세련되게 개탄하는 데 더 많이 사용된다. 개탄은 '자본주의 인간소외 현상의 원인은 자본주의가 인간소외 현상을 만들어내는 비인간적 시스템이기 때문'이라는 순환론을 맴돈다.

알튀세르Louis Althusser를 필두로 또 하나의 그룹이 형성된다. 그는 스탈린주의 비판엔 동의했지만 그 대안으로서 '청년 마르크스'는 단호하게 반대했다. 그에게 청년 마르크스란 헤겔의 영향 아래에 머물던 미숙한 마르크스일 뿐이었다.[90.1] 알튀세르는 마르크스의 사상이 헤겔주의에 갇힌 전기와 《자본》으로 대변되는 후기로 나뉘며 '인식론적 단절'을 갖는다고 보았다. 그는 후기 마르크스에 집중할 것을 강조하며 《자본》읽기 운동을 벌인다. 그러나 알튀세르는 엉뚱하게도 《자본》1권 제1편 '상품과 화폐', 즉 가치론과 물신성 부분을 '헤겔의 극악무도한 마지막 흔적'이라 규정한다.[90.2] 《자본》의 핵심 논의를 삭제한 그는, 정신분석학과 구조주의를 도입하여 마르크스를 복권하려 하지만 결국 '이데올로기' 논의로 퇴행하며 지적 혼란에 빠져들어간다.

90.1 신좌파가 스탈린주의를 반대하여 청년 마르크스를 부각하는 데 반해, 알튀세르는 스탈린주의와 청년 마르크스가 일맥상통한다고 본다. 헤겔 철학은 역사를 '절대정신'의 변증법적 자기실현 과정이라 보는데, 알튀세르에게 초기 마르크스 사상은 '절대정신'의 자리에 '노동자계급'을 놓은 것이었다. 청년 마르크스에서 역사가 노동계급이 변증법적 과정을 거쳐 소외된 인간 본질의 회복으로 가는 과정이라면, 스탈린주의에서 역사는 우월한 생산양식이 생산력 발전을 통해 자신을 관철하는 과정이다. 주체만 다를 뿐 그 목적론적 진행과정은 똑같이 헤겔주의적이라는 것이다.

90.2 살펴봤듯 마르크스의 사상에서 '인식론적 단절'은 분명히 존재한다. 그러나 알튀세르가 말한 지점에서는 아니다.

알튀세르 이후 이른바 포스트구조주의 사상가들은 역사의 진보, 이념, 계급투쟁 같은 거대담론에 회의적인 경향을 보인다.[91.1] 예컨대 푸코는 아예 사회를 지배와 피지배로 나누어 말해선 안 된다고까지 말한다.[91.2] 현실사회주의를 비롯해 기존 마르크스주의가 거대담론에 경도되었고, 그로 인해 많은 문제가 일어난 건 분명한 사실이다. 그러나 문제의 본질은 '거대담론 경도'이지 거대담론 자체는 아니다. 너무나 당연하게도, 인간의 삶과 세계는 거시 차원(계급이나 역사 진보 같은)과 미시 차원(인종, 젠더 등 정체성과 일상 같은)을 동시에 갖는다. 또한 너무나 당연하게도 거대담론과 미시담론은 세계를 분석하기 위해 만들어진 이론적 개념 틀일 뿐, 실제 세계가 그렇게 둘로 나누어져 있는 건 아니다. 거대든 미시든 한 개념 틀을 배제하는 건 결국 세계를 제대로는 보지 않겠다는 생떼가 된다.

91.1 두 번의 세계대전과 홀로코스트 참상은 '포스트구조주의'라 분류되는 지식인들뿐 아니라 서구 지식사회 전반에 계몽된 세계와 근대성에 대한 근본적 회의를 만들어냈다. 리오타르Jean-François Lyotard는 '포스트모던의 성서'라 불리는 《포스트모던적 조건》 (1984)에서 근대적 사유 일체(계몽주의적 관점에서 과학, 전체론, 진보, 보편, 합리성, 객관성 등)에 관해 의문을 표시한다. 리오타르는 애덤 스미스의 부의 창출, 다윈의 진화론, 마르크스의 인간 해방 같은 절대적 혹은 보편적이라고 받아들여지던 진리를 부정한다.

91.2 후기 푸코는 '파레시아parrhesia, 진실 말하기'를 설파하여 현실 실천성을 재평가받기도 한다. 그러나 본격화한 물신세계에 대응하기엔 지나치게 소박한 이야기다. 푸코의 파레시아가 주목받는 가장 주요한 이유는 '푸코(라는 지식시장의 대스타)가 말했기 때문'이다.

세상이 거시적이기만 하다거나 미시적이기만 하다는 식의 생각은 정상 범주의 사람들에겐 가능하지 않다. 그런데 그게 가능한 사람들이 있다. 실제 현실의 삶을 살 일이 거의 없는, 언제나 책으로만 둘러싸여 '지식 과잉' 상태로 살아가는 지식인들이다. 그들이 세계를 분석하기 위한 개념 틀을 세계 자체로 착각하는 건 흔한 일이다. 완전한 이론이란 없으며, 이론은 언제나 적든 많든 편향 상태다. 세상을 지나치게 거시적으로만 봤다거나 역사 진보를 지나치게 낙관적으로만 봤다면, 미시적이고 일상적 세계를 좀더 살피며 역사는 반드시 진보하기만 하는 건 아님을 되새기는 게 옳다. 그런 변증법적 비판과 성찰을 통해 조금씩 나아가는 것이다. 그러나 지식인들은 온통 거대담론에 경도되다가 오류나 한계가 발견되면 다시 온통 미시담론에 경도된다. 그 전환 사이에 합당한 비판과 성찰을 찾아보긴 어렵다. '거대담론의 시대'와 '미시담론의 시대'가 있을 뿐이다. 거대담론 시대에 미시담론에 주목하면 '반동적 자유주의자'로 치부하고, 미시담론 시대에 거대담론에 주목하면 '교조적 마르크스주의자'라 치부하는 식이다.[92.1]

92.1 대체로 한때 마르크스주의자였던(푸코도, 심지어 리오타르도 공산당원이었다.) 서구 지식인들은 스탈린주의와 현실의 공산당(소련 공산당의 순종적 지부로서)에 깊은 실망과 상처를 경험한 후 마르크스주의에 집요한 반감과 자괴감을 갖게 된다. 그러나 그런 반감과 자괴감이 마르크스주의와 마르크스를 넘어 근대성 전반에 대한 회의와 부정으로 이어진 것은 치기어린 비약이다. 그런 형태가 전 세계적으로 호응을 얻고 지적 유행이 된 이유 중 하나 역시 현실사회주의에 대한 낭만적 경도로 인한 상처와 자괴감을 떨쳐내고 시스템에서 안정을 구하려는 좌파 인텔리들의 욕구와 맞아떨어졌기 때문이다. 그들은 '근대의 부정'을 통해 스탈린주의라는 '한 근대적 기획'이 남긴 흔적을 손쉽게 지울 수 있었다.

탈근대, 거대담론 폐기의 흐름은 '파리의 CIA 요원'들이 그들의 언어로 단언했듯 서유럽 마르크스주의가 물신세계의 충격을 극복하지 못하고 파산하는 모습이기도 하다. 그것은 철학적으로 독일관념론을 기반으로 한 이상주의 사유가 미국식 자유주의의 실증주의-경험주의에 의해 괴멸되어가는 과정이라고도 할 수 있다. 이상주의는 그 고질적 오해처럼 현실과 무관한 몽상을 좇는 일이 아니라 '마땅히 그래야 하는 현실'을 좇는 일이다. '사람은 마땅히 그래야 하는 거 아닌가?' '학교는 마땅히 그래야 하는 거 아닌가?' '국가는 마땅히 그래야 하는 거 아닌가?' 같은 근본적 질문이다. 이상주의는 인간을 제가 처한 세계와 마주 선 주체적 인간으로 만들어준다. 헤겔이 정립한 근대적 변증법은 절대 변하지 않을 것 같은 현실 속에 새로운 사회의 씨앗이 자라고 있으며 결국 극복되고 변화한다고 보는, 이상주의 사상의 결정체다.

사상과 이론은 인민 삶의 현장과 변혁 운동을 벗어나 제도 학계 및 자유주의 지식시장의 품으로 이전한다. 이론은 새로운 정체성과 사회적 소명에 발맞추어 보기 딱할 만큼 난삽하고 난해해진다. 포스트구조주의는 그 주요한 생산지인 프랑스에선 이미 시들해진 1980년대 후반에 '프랑스 이론' '포스트모더니즘' 같은 이름으로 미국의 대학과 지식시장에서 각광받으며[94.1] 전 세계 지적 식민지들로 팔려나간다.[94.2]

94.1 미국에서 모조리 '포스트모던' 딱지가 붙여지고 자유주의 지식 시장의 상품이 되어버린 사실을 부각하여, '미제'가 되기 전엔 그 이론들에 문제가 없었던 것처럼 말하는 견해도 있다. 살펴본 대로 그 이론들의 물신세계 포섭은 이미 그것들이 서유럽에서 형성될 때부터 시작되었다. 미국에서 본격적인 지식 상품으로 유통될 수 있었던 것 역시, 거기에 의미 있는 급진성이나 시스템과 긴장은 이미 들어있지 않다는 게 확인되었기 때문이다.

94.2 한국에선 1980년대 중후반 현실사회주의에 경도했다가 그 몰 락으로 공황 상태를 맞은 좌파 인텔리들에게 유용한 도피처가 된 다. 1990년대 한국 지식사회(와 예술 문화계)를 휩쓴 '포스트모던 놀이'는 바로 그 시기에 붙어닥친 신자유주의 공세에 대해 지식사 회의 유의미한 대응이나 견제가 없다시피 하는, 오히려 길을 터주 는 참상으로 이어진다. 한국의 지식사회는 그즈음 사실상 파산한 셈이다.

사상과 이론 상품의 자유주의 지식시장에서 유통망이 잘 짜임으로써, 바꿔 말하면 텍스트의 급진성 여부를 무의미하게 만드는 콘텍스트가 마련됨으로써, '탈근대' '탈거대담론' 같은 애초의 품목 제한마저 벗어난다. '계급'이나 '사회주의'라는 말에 노골적 혐오감을 표시하는 자유주의 인텔리들이 지젝Slavoj Zizek이나 바디우Alain Badiou 같은 '21세기 공산주의' 철학자를 '애완'하는 희극이 펼쳐진다.[95.1] 급진적 활동가나 변혁운동과 결합한 지식인이 아니라, 자유주의 지식시장에서 각광받는 종신 보장 교수들이 '가장 위험한 사상가'라 공인됨으로써[95.2] 20세기 중반에 시작한 서구 지식사회의 물신세계 포섭이 완결 단계에 이른다.

95.1 애완에는 그 공산주의 철학자들이 실제 현실에서 공산주의 운동과 연결되지 않는다는, '반공 멸균 처리'된 상품이라는 확신이 깔려 있다. 또한 확신은 그 철학자들이 마음껏 공산주의를 말할 수 있는 조건이기도 하다.

95.2 사상과 지식의 현실과 분리는 그 지식인의 행태라 여겨지지만, 더 근본적으로는 사상과 지식의 온전치 못함을 의미한다. 실제 현실에, 인민 삶에 닿지 않으면서 영향력과 권위를 갖는 온전치 못한 사상과 지식이 시스템에게서 각별한 보살핌을 받는 건 당연한 일이다.

인민은 자신을 해방하는
역사의 주인이자
노예의 삶으로 밀어 넣는
역사의 주인이다.

사회에 관한 서술에서 인민은 언제나 '피해자'다. 그들은 아무런 특권도 기득권도 없이 정직하게 일하며 그저 제 식구가 탈 없이 살아가길 소망할 뿐인데, 불의한 사회가(나쁜 정치인들이, 탐욕스러운 기업가들이, 권력욕에 물든 사법부가, 타락한 언론이 등등) 그들을 억압하고 고통스럽게 만든다. 이 서술엔 중요한 질문 하나가 빠져 있다. 불의한 사회는 어떻게 지속하는가? 다수 인민이 반대하는 불의한 사회 같은 건 없다. 불의한 사회는 권력을 가진 소수가 아니라 '다수의 가담자' 덕에 지속한다.[96.1] 인민은 불의한 사회의 피해자이자 자해적 가해자다.[96.2] 이 말은 인민을 폄하하는 걸까? 정확히 인민이 '역사의 주인'이라는 말이다. 인민은 자신을 해방하는 역사의 주인이자 노예의 삶으로 밀어 넣는 역사의 주인이다.

96.1 '독재정치에 신음하던 국민들' 같은 말을 생각해보자. 독재정치가 지속하는 건 다수 인민이 신음하지 않고, 그저 제 식구가 탈 없이 살아가길 소망할 뿐이기 때문이다. 그것은 독재정치가 종식되는 과정에서 명료하게 확인된다. 인민들이 느리지만 조금씩 달라져서 '이건 아니다' 생각하는 쪽이 다수에 이르는 순간, 독재는 무너져 내린다. 독재를 지속하는 수단이라 여겨지던 강력한 군대나 경찰, 감시 기구 따위들도 그 순간엔 거짓말처럼 무력하다.

96.2 모든 사회는 인민의 반영이다. 물론 언제나 실시간으로 반영되진 않는다. 때론 사회 시스템이 인민보다 앞서가기도 하고 때론 뒤처지기도 한다. 그러나 결국 인민의 반영으로 돌아온다. 러시아 혁명은 후자의 예로, 2017년 한국에서 대통령 탄핵은 전자의 예로 들 수 있다.

오늘 혁명을 바라는 사람은 찾아보기 어렵다. '혁명이 아니고는 달라질 게 없다'는 개탄은 혁명을 바란다는 의미가 아니다. 역사 속 혹은 다른 사회 혁명가에 대한 뜨거운 상찬은 대체로 지금 여기에서 혁명을 냉소하는 알리바이로 사용된다.[97.1] 사람들이 혁명에 부정적인 가장 큰 이유는 20세기 현실사회주의 혁명과 실패일 것이다. 실패는 모두에게 또렷이 각인된 반면, 그걸 넘어서는 새로운 사회의 구체적 상은 아직 분명히 수립되지 않았다는 것이다. 그러나 새로운 사회의 구체적 상은 분명히 수립되어야만 할까? 마르크스의 생각은 달랐던 것 같다. 그는 새로운 사회를 '공산주의'라 불렀지만 그 사회의 구조나 제도에 대한 구체적인 상을 제시하진 않았다.

97.1 젊어 한때 혁명운동 언저리에 몸담은 경험이 있는 자유주의자들은 '지난 역사'에서, 혹은 '다른 사회'에서 혁명가에 깊은 호감과 존경심을 표시하는 경우가 많다. 그들 중 일부는 그 혁명가들을 소재로 소설이나 전기를 쓰기도 한다. 그들의 태도는 자신이 정당하고 적절한 혁명은 동의한다는 의미, 그러나 지금 여기에서 혁명은 정당하지도 적절하지도 않다는 의미를 동시에 담는다. 그들에겐 미국 원주민 속담 하나가 유익할 것이다. '먼 곳에서 용감하기는 쉽다. 쉬울 뿐 아니라 매우 안전하다.'

마르크스에 앞선 사회주의자들인 생시몽Saint-Simon, 오언 Robert Dale Owen, 푸리에Charles Fourier 등은 매우 구체적인 사회 상을 제시했을 뿐 아니라, 공동체 등을 통해 현실에서 구현을 시도하기도 했다. 마르크스는 그들에게 존경심을 표시하면서도 '공상적 사회주의자'라 비판했다. 마르크스는 공산주의를 단지 '자유로운 개인들의 연합Verein Freier Menschen'이라고만 표현했다. 그러나 이 말은 마르크스뿐 아니라 다른 사회주의자들도 공유한 보편적 이상 같은 것이었다.[98.1] 즉 마르크스는 '자유로운 개인들의 연합은 무엇인가?' 질문한다. 혁명은 인민이 자신을 해방하는 도정이며, 새로운 사회의 구조나 제도에 대한 구체적인 상 역시 인민 스스로 만들어가는 것이다. 공상적 사회주의자들은 인민의 자기해방이 아니라 '인민을 위한' 사회를 만들려고 했다. 그 사회에서 주인은 인민이 아니라 헌신적이고 정의로운 엘리트, 공상적 사회주의자 자신이다.

98.1 '연합'을 뺀다면, '자유로운 개인'은 사회주의 범주를 넘어 홉스Thomas Hobbes, 로크, 루소Jean-Jacques Rousseau, 스미스에서 20세기 하이에크에 이르기까지 자유주의자들도 공유하는 근대의 이상이다. 자유주의자들은 봉건사회나 현실사회주의로부터 자유로운 개인을 말하고, 사회주의자들은 주로 자유주의(자본주의)로부터 자유로운 개인을 말한다. 좌우 이념 대립이란 '자유로운 개인은 무엇인가?'라는 질문의 대립인 셈이다.

현실사회주의 실패의 원인은 대개 스탈린으로 집중된다. '레닌까지는 괜찮았는데 스탈린이라는 포악하고 광기어린 인물이 다 망가트렸다'는 이야기는 필수 시사상식처럼 통용된다. 그러나 제헌의회를 해체하고 소비에트(인민평의회)가 공산당 독재로 바뀌는 건 레닌 초기 일이다.[99.1] '사회주의 리얼리즘' 기치로 자행된 예술가 탄압은 스탈린의 대표적 만행 가운데 하나로 꼽힌다. 그러나 예술가의 자유로운 창작이 만들어내는 '혼돈'을 가만 내버려두어선 안 된다는 건, 레닌을 포함한 당 지도부의 일반적 생각이었다. 그렇다면 러시아혁명 실패의 원인은 스탈린이 아니라 이미 레닌에 있는가? 답은 그 질문 속에 들어 있다. '지도자가 누구인가'로 결정되는 사회는 어떤 의미에서도 사회주의가 아니다.[99.2]

99.1 노동자 소비에트, 병사 소비에트 등 소비에트는 인민의 자기 해방과 아래로부터 민주주의를 담은 혁명의 구심이었다. 러시아 혁명의 구호는 '모든 권력을 소비에트로!'였으며, 소비에트는 '거리의 정부'라 불렸다. 혁명 직전까지 모든 엘리트 혁명가 그룹은 소비에트의 지지를 얻기 위해 경쟁한다. 소비에트가 사라진 시점에 이미 러시아혁명은 끝났다고 할 수 있다.

99.2 '노동귀족'이 조건만 이루어지면 나타날 수 있는 노동자의 또 하나의 계급적 속성이듯, '혁명귀족'은 혁명가의 또 하나의 속성이다. 정치권력 교체는 혁명가가 새로운 지배 계급으로 변신하는 조건이다. 이후 상황을 결정하는 건 전적으로 인민의 민주주의 능력이다.

기존 정치 시스템이 무너지고 새로운 정치 시스템이 만들어
질 때 '혁명이 성공했다' 말한다. 그러나 그것은 비로소 '혁
명의 시작'이다. 혁명은 인민이 '아래로부터 민주주의'를 유
지하며, 엘리트와 관료를 견제하고 부리며, 자신을 포함하여
사회 전 분야의 제도와 관습들을 근본적으로 바꿔나가는 '자
기해방' 과정이다. 러시아 인민은 자기해방의 길을 간 게 아
니라, 엘리트와 관료에 혁명을 의탁하고 심지어 개인숭배까
지 한다. 그들은 그들이 가질 수 있는 사회가 '새로운 차르제'
이거나 기껏해야 국가가 자본가계급의 역할을 대신하는 국
가자본주의임을 드러냈다. 1917년은 러시아혁명이 성공한
해라 알려졌지만, 실은 혁명의 실패가 시작된 해였다.

1917년 레닌은 "만일 사회주의가 모든 인민의 지적 수준이 그것을 용인할 정도로 발전한 후에야 해결될 수 있다면, 우리는 최소한 500년 동안은 사회주의를 보지 못할 것이다"라고 말했다. 물론 '모든 인민'은 가능하지 않다. 그러나 다수 인민의 지적 수준이 자기해방의 주체일 만큼은 꼭 필요하다.[101.1] 지식인은 그에 '기여'하는[101.2] 존재다.

101.1 이 중요한 원칙은 20세기 초에 혁명의 기운이 많다는 이유로 (임박한 혁명을 놓치지 않기 위해) 무시되었듯, 현재는 턱없이 모자란다는 이유로(어떻게든 혁명의 불씨를 살리기 위해) 무시된다. 상탈 무페Chantal Mouffe가 '좌파 포퓰리즘의 성공적 사례'라 지목한 스페인 포데모스Podemos 대표 이글레시아스Pablo Iglesias는 창당 연설에서 말한다. "병사와 농민, 노동자 같은 사람들에게 레닌은 아주 단순한 것을 얘기했습니다. '빵과 평화'라고 말한 것입니다. 전쟁이 끝나고 대부분의 사람은 먹을 게 없어서 굶주렸습니다. 많은 사람이 예를 들어 '좌파'나 '우파' 같은 게 무엇을 의미하는지 전혀 몰랐지만, 자신들이 배를 곯고 있는 것은 잘 알고 있었습니다. 그래서 그들은 '이 대머리 남자는 뭔가 좋은 것을 말하고 있는 것 같다'고 생각했던 것입니다. 레닌이 러시아인들에게 말했던 것은, '변증법적 유물론' 따위가 아니라 '빵과 평화'였습니다. 이것이 20세기의 한 가지 중요한 교훈인 겁니다." 연설은 바로 그래서 러시아혁명이 실패로 귀결했다는 '20세기의 중요한 교훈'을 놓친다.

101.2 '지도'가 아니다. 인간 의식은 주조될 수 없으며, 오로지 스스로 변화한다. 지식인은 그 변화에 기여한다.

2008년 미국발 공황은 자본주의가 반복되는 위기가 아니라 시스템의 근본적 한계에 이르렀음을 드러냈다. 그 여파로 세계 도처에서 정치적 격변이 일어났고, '재스민혁명' '촛불혁명' 등 혁명이라 불리는 상황들이 이어졌다. 그러나 그것들은 대개 현 시스템 내 개선에 머물렀다. 성공한 혁명의 대표적 사례는 오히려 '미투 혁명'이다. 미투는 한 개의 정부를 무너트리지도 새로운 국가를 세우지도 않았다. 그러나 그 모든 단위를 아우르는 근본적 변화를 만들어냈다. 혁명은 비정상적인 것의 정상화가 아니라 '정상성' 자체의 변화다. 사회 성원은 변화에 대한 동의 여부와 무관하게 변화한 사회에 견인된다. 미투 이후에도 미투가 말하는 성폭력 정의에 동의하지 않는 남성은 많다. 그러나 그들 역시 성폭력의 새로운 정의를 무시할 수 없다. 사회는 미투 이전으로 돌아가지 않을 것이다. 여성들에게 이미 '돌이킬 수 없는 하한선'이 만들어졌기 때문이다. 미투 혁명은 진행 중이며 '피억압자의 자기해방'으로서 혁명이 뭔지 보여주고 있다.

혁명에 대한 회의와 자본주의 시스템에 대한 회의가 병존하면서 '북유럽 복지국가'가 많이 부각된다. 자본주의와 사회주의의 장점을 혼합한 '현실적 유토피아'라는 상찬도 있고, 자본주의 속성을 그대로 가진 기만적 시스템이라는 지적도 있다. 그러나 그런 견해와 무관하게 횡행하는 오해가 있다. '북유럽은 어떻게 북유럽이 되었는가?'[103.1] 가장 일반적인 서사는 몇몇 빼어난 인물이 내놓은 복지사회 아이디어에 전 사회가 성숙하고 평화적인 합의를 이루어 그렇게 되었다는 것이다. 전혀 사실이 아니며 이치에도 맞지 않다. 역사가 알려주듯 어떤 지배계급도 사회를 위해 제 기득권을 먼저 양보하는 일은 없다. 아예 다 잃진 않기 위해 마지못해 타협할 뿐이다. 북유럽 복지사회는 자본주의 극복을 지향하는 강력한 혁명적 노동운동과, 더 정확하게 말하면 그런 노동운동에 참여한 많은 노동자들과 그에 위협을 느낀 지배계급의 타협으로 만들어졌다. 그 사회를 '계급 타협' 시스템이라 부르는 이유도 그것이다.[103.2]

103.1 최근 조선산업은 주로 한국과 중국의 경쟁 상태이지만 1960 년대까지 세계 조선산업의 중심지는 단연 영국이었다. 1980년에는 고도 기술력을 가진 일본이었고 한국은 1990년대부터 중심지가 된다. 1970년대 북유럽이 조선산업의 중심지였다는 사실과 그주된 이유 중 하나가 '저임금'이었다는 사실은 그리 알려져 있지 않다. 북유럽이 오늘 북유럽이 된 건 오래된 일이 아니다. 사회 변화는 단박에 이루어지지 않지만 생각처럼 요원한 것만도 아니다.

103.2 계급 타협은 자본가계급이 더 많은 세금을 내는 것으로, 자본가의 소득을 만들어내는 착취 시스템이나 독점자본의 경영 구조를 공격하지 않겠다는 노동자계급 측의 타협이기도 하다. 다들 복지는 바라지만 세금은 더 내려 하지 않기 때문에 복지사회를 만들기 어렵다, 라고 말하는 사람들이 있다. 그러나 많은 세금의 본질은 '소득에 비례한 많은 세금'이다. 기부나 자선 같은 내키는 대로 내고 생색내는 방식이 아니라, 법으로 내게 한 게 계급 타협의 핵심이다.

혁명은 시스템의 변혁만 만들어내지 않는다. 시스템의 의미 있는 개혁 역시 혁명의, 혹은 혁명적 지향의 부산물이다.[104.1] 혁명이 어려울 때 우리는 '개혁'을 좇게 된다. '개혁은 혁명보다 어렵다'는 흔한 말은 그런 태도를 좀더 진정하고 의미 있게 보이게 한다. 그러나 개혁의 성과란 다름 아닌 지배계급의 기득권 일부를 헐어낸 것이며, 앞서 말했듯 지배계급의 '아예 다 잃진 않기 위해' 하는 타협으로 구현된다. 혁명의 기색이 사라진 사회엔 개혁도 없다.[104.2] 개혁은 혁명보다 어려운 게 아니라, 개혁으로서 개혁이란 애초부터 존재하지 않는 허상이다.[104.3]

혁명에 대한 회의는 대부분 혁명에 대한 고정관념에 기인한다. 혁명은 블루컬러 노동자와 절대빈곤이 노동자계급을 대변하던 시대에나 가능하다는 것이다. 물론 그런 시대의 혁명과 현재의 혁명은 달라야 한다. 그러나 혁명만이 근본적 변화를 만들며, 혁명의 기색이 없는 사회엔 개혁도 없다는 점은 자본주의하에선 언제나 같다. 회의해야 할 건 혁명이 아니라, 고정관념 말고는 혁명에 대한 아무런 견해도 갖고 있지 않은 사람들일 것이다.

104.1 독일 대기업 이사회의 절반가량이 노동자 측으로 구성된 것 역시 자본주의 극복을 지향하는 강력한 노동운동 앞에서 자본의 타협으로 만들어졌다. 경제민주화론의 최초 사례인 1920년대 독일 사민당의 경제민주화론은 '사회화를 통한 자본주의 극복'을 목표로 하며 주요한 생산수단의 사회화, 기업 경영에서 노조의 공동결정 등을 제시한다. 한국에서 경제민주화 운동은 '정상적 자유시장'을 목표로 하는, 정반대의 것이다.

104.2 서유럽 복지 시스템 후퇴의 주요한 원인이기도 하다. 북유럽과 서유럽 복지 시스템이 진전될 수 있었던 또 하나 중요한 조건은 동구 현실사회주의의 존재였다. 지배계급으로선 '아예 다 잃을 가능성'이 눈앞의 압박으로 존재했던 것이다(현실사회주의가 진정한 사회주의인가 여부와는 별개로). 현실사회주의가 사라진 이후, 개혁의 지속을 위한 혁명의 기색은 훨씬 더 많이 필요할 수밖에 없다. 서유럽 사민주의 세력은 오히려 우경화를 거듭했다.

104.3 이 허상은 시스템의 유용한 방어벽이 된다. 개혁으로서 개혁은 언제나 실패하므로 개혁에 대한 기대와 실망도 늘 반복된다. 개혁이 실패하는 모든 원인은 '반개혁 세력(혹은 수구 기득권 세력)'에게 돌려지며, 허상은 최선의 현실적 선택으로서 지위를 유지한다.

9

새로운 사회는 '개인적 소유'와
'공유'를 기반으로 한다.

새로운 사회에서 소유 형태는 어떤 것일까? 부르주아 경제
학은 소유의 최초 형태를 로빈슨 크루소와 같은 '비소유' 상
태로 전제한다. 물론 그것은 인간이 사회를 이룰 때 개인들
의 사적 소유가 당연하고 자연스럽다는 주장과 연결된다. 그
러나 인류 역사를 살펴보면 소유의 최초 형태는 비소유가 아
니라 '공동소유common ownership, 공유'였다.[105.1] 봉건제가 무너
지고 자본주의가 본격화하기 전까지 존재한 독립 소농의 소
유 형태 역시 공유였다. 자본주의는 농민을 생산수단으로부
터 분리하여 임금노동자로 만드는 과정을 통해 본격화했다.
수탈과 착취를 기반으로 한 '사적 소유private ownership'가 전면
화하면서 공유는 모두 파괴된다. 자본주의는 발전할수록 한
편에는 사적 소유를 독차지한 대자본가로, 다른 한편에는 사
적 소유에서 배제된 대다수 노동자로 나누어지는 경향을 보
이게 된다.

105.1 자본주의사회에서 태어난 아이가 '교육받기 전'까지는 집이나 땅이 사적으로 소유되어 있다고 상상하지 못한다는 사실, 필요에 따라 분배되어 있다고 생각한다(대형견을 키우는 가족은 마당 있는 집을 선택한다는 식으로)는 사실은 공유가 인간에게 가장 자연스러운 소유 형태임을 새삼 일깨워준다.

사적 소유는 다른 인간의 노동을 착취하여 만든 소유를 이른다. 개인이 제 노동 생산물이나 물건을 소유하는 '개인적 소유individual ownership'와는 전혀 다른 개념이다. 사적 소유제에서, 특히 생산수단이 사유화한 상태에서 대다수 개인은 임금 노예를 벗어날 수 없다. '자유로운 개인'은 사적 소유가 아닌 개인적 소유 상태에서만 성립한다. 자유로운 개인은 개인적 소유의 주체로서 자율적으로 노동하며 살아간다. 개인적 소유 상태에서 비로소 개인은 사회와 분리되지 않은 '사회적 개인'일 수 있다. 개인적 소유에서 주요한 생산수단은 공유된다. 즉 주요한 생산수단은 여러 개인들의 개인적 소유다. 새로운 사회는 개인적 소유와 공유를 기반으로 한다. 국가독점자본주의 상태의 자본주의사회에서 공유되어야 할 주요한 생산수단은 두말할 것 없이 (대기업, 재벌이라 불리는) 거대 독점자본이다. 거대 독점자본 공유 문제를 뺀 채 이루어지는 모든 사회 변화 노력은 근본적 한계가 있다.[106.1]

106.1 근래 주목받는 '커먼즈commons'는 바로 공유 사회를 지향하는 운동이다. 핵심은 이 운동이 공유의 가장 주요한 표적을 향하고 있는가, 일 것이다. 거대 독점자본의 공유를 회피한 채 일상에서 공유 실천을 말한다면 일부 중산층의 좋은 세상 만들기 놀이를 넘어서기 어렵다.

이른바 '공유경제sharing economy'는 공유와 전혀 무관하다. 애초에 공유경제는 2008년 세계 금융 위기 이후 자본주의 비판 분위기 속에 생겨난 것으로, 물건을 '소유'가 아닌 서로 빌려주고 빌려 쓰는 것으로 인식하는 경제활동을 가리킨다. 그러나 실제로는 자본의 새로운 수탈 수법이 되었다. 자본은 공장이나 사무실 같은 것들을 인터넷 플랫폼으로 대체하고 노동자를 독립적 사업자(사장님!)로 만들어 고용계약에 따르는 책임과 부담을 없앤다. 공유경제는 '혁신'의 이름으로, 수세기에 걸친 투쟁으로 진전된 노동자의 법적 권리들을 일거에 되돌리려는 자본의 공세다. 그러나 공세를 가능하게 하는 것 또한 노동자다. 물신성이 강화한 사회에서 노동자는 공유경제의 반동성에 주목하기보다는, 공유경제가 제공하는 '빠르고 깔끔하며 편리한' 소비를 선호하며 익숙해진다.

마르크스는 혁명을 통해 사적 소유를 철폐하고 프롤레타리아 통치를 걸쳐 공산주의로 가는 경로를 제시했다. 현실사회주의의 치명적 오류는 '사적 소유 철폐'를 '국유화'로 이해한 것이다. 국유화는 공동소유가 아니라 '공공소유public ownership'다. 공동소유일 때 인민은 개인적 소유의 주체로서 자율적 노동을 수행한다. 그러나 공공소유에서 주인은 국가와 관료이며, 인민은 국가나 관료의 관리 감독하에 타율적 노동을 수행한다. 결국 국유화는 실제적인 의미에서 관료와 엘리트의 사적 소유로 귀결하고, 인민은 다시 노예로 전락했다. 현실사회주의의 파산 원인을 결코 단순하게 말할 순 없지만, 소유 형태의 오류가 그 주요한 요인이었다는 건 분명하다.108.1

108.1 '공공소유'를 '공동소유'로 오해하는 일은 기획되기도 한다. 자본주의 시스템에 대한 회의와 반감이 일반화한 오늘, 공동소유의 요구를 미리 차단하고 길을 돌리기 위해 '공공성' 사탕발림이 남발한다.

새로운 사회에서 '생산 체계'의 형태는 어떤 것일까? 오늘 자본주의 기업의 일반적 형태는 주식회사다. 주식회사는 자본가 개인이 아닌 주주들이라는 사회적 연합의 소유다. 그러나 주식회사 사회적 연합은 시장의 가치 관계와 자본의 이해관계에 복속하는 '자본가 연합'이다. 그와 반대로 생산자의 이해관계에 복속하는 사회적 연합이 바로 '협동조합'이다. 우리는 협동조합에서 새로운 사회의 형상을 본다. 협동조합은 시장의 가치 관계를 따르지 않는다. 그 목적에 동의하는 사람들에 의해 만들어지며, 그 목적들을 달성하는 우선순위를 조정한다. 그것은 시장 논리가 아니라 계획이다. 협동조합에서 노동자는 자본의 힘에 의해 수동적이고 무의식적으로 '결합된combined' 상태가 아니라 능동적이고 의식적으로 '연합한associated' 상태에 있다. 계급사회이며 계급끼리 적대적 이해관계를 갖는 기존의 시민사회와 달리, 협동조합 사회에서는 '각 개인의 자유로운 발전'이 '모두의 자유로운 발전'을 위한 조건이 된다.

협동조합에서 인민은 권력을 견제하며 아래로부터 민주주의를 지속하는 능력, 자주관리 능력, 자율적이고 자치적인 사회를 운영하는 능력 등을 배운다. 관건은 협동조합이 전 사회적으로, 모든 인민의 자금으로, 국가적 규모로 확대되는 것이다. 그것은 정치권력의 획득을 수반할 수밖에 없다. 협동조합과 정치적 변혁은 분리할 수 없다. 정치적 변혁에 관심이 없는 협동조합은 단지 '중간계급의 주식회사'로 머물게 된다.[110.1]

110.1 중산층을 주요한 소비자로 하는 대형 협동조합들은 이윤 추구를 목적으로 하지 않는다고 말하는 경우가 많다. 대신 그들은 성장을 추구한다. 성장은 이윤의 재투자로 이루어진다. 그들은 실은 이윤을 더 많이 재투자한다고 말할 뿐이다. 그러나 한국의 경우 '중간계급의 주식회사'에도 미치지 못하는 경우가 많다. 애초부터 국가나 기관의 협동조합 지원 프로그램과 기금을 기반으로 운영하는 협동조합들이다. 이런 협동조합의 실제 역할은 협동조합 본연의 급진성을 차단하고, 순치된 협동조합들을 널리 진열하는 일이다. 시스템이 자신에 반하는 속성을 갖는 협동조합에 돈을 주는 데는 다 이유가 있는 것이다.

새로운 사회에서 '낮고 천한' 노동은 누가 맡게 될까? 노동엔 귀천이 없다고는 하지만, 자본주의사회에서 낮고 천한 노동은 분명히 존재한다. 그것은 사람들이 삐뚤어진 노동관을 가져서만은 아니다. 자본주의에서 노동력은 상품이며 그 가치는 임금으로 표현되기 때문이다. 새로운 사회는 노동력이 상품이 아니며 그 가격으로 노동의 귀천이 결정되지도 않는다. 그러므로 지금 낮고 천한 노동을 새로운 사회에서 누가 맡게되는가, 라는 질문은 성립하기 어렵다. 분명한 건 현재 사회에서 노동의 귀천은 해체되거나 뒤집힌다.[111.1] 우리의 청결과 위생을 지켜주는 청소 노동은 가장 존경받는 노동일 것이다. 그러나 새로운 사회의 사람들은 청소를 누가 맡을까 토론하기보다는 '특정한 사람들이 더렵혀져 청결과 위생을 유지하는 관습'에 대해 토론할 가능성이 높다.[111.2]

111.1 키보드와 마우스로 돈을 지구의 이리로 옮기고 저리로 옮기고 하는 것만으로 수많은 노동자가 만들어낸 가치를 부자의 계좌로 옮겨놓는 투자 전문가나, 부자의 이득을 위해 법의 허점을 파고드는 대형 로펌의 변호사 따위는 가장 천한 노동일 것이다. 현재 사회에서 그들은 합법적으로 일하지만, 새로운 사회에서 그런 노동은 범죄일 뿐이다.

111.2 청소야말로 가장 먼저 인공지능이나 로봇 같은 첨단 기술이 도입되어야 할 노동이다. 그러지 않는 이유는 시스템이 보기에 이윤이 나지 않는 일에 많은 돈을 들이기보다 값싼 노동력을 사용하는 게 낫기 때문이다. 우리는 여기에서 인간과 인간의 사회에 대한 전혀 다른 두 철학의 충돌을 볼 수 있다.

《틴 보그teen vogue》°는 2018년 '마르크스에 대해 알아야 할 모든 것' '자본주의에 대해 알아야 할 모든 것'이라는 기사를 연달아 실었다. 트렌드에 목을 매는 이 잡지의 행보는 미국 청소년 세대에서 부는 사회주의 바람이 만만치 않음을 잘 보여준다.[112.1] 사회주의야말로 쿨하고 힙하다고 천연덕스럽게 외치는 청소년들은, 피시 쇼와 '인간적 자본주의 추구'(최근 방식의 반공주의)를 늘어놓으며 시스템에서 안정을 좇던 '진보' 기성세대를 당혹스럽게 만들고 있다. 후쿠야마Francis Fukuyama의 유명하고도 경솔한 말에 빗대자면, 역사는 다시 시작되고 있다.[112.2]

° 미국판《보그vogue》의 틴에이저 버전.

112.1 바람은 버니 샌더스Bernie Sanders나 영국의 제러미 코빈Jeremy Corbyn 같은 구좌파의 약진과도 연결된다. 그들이 청소년이 열광할 새로운 개념이나 언어를 만들어낸 건 아니다. 수십 년 동안 고장 난 축음기처럼 말한다고 평가받던 그들을 청소년들이 '재발견'했다.

112.2 1989년 프란시스 후쿠야마는《역사의 종말the end of history and last man》(1989)이라는 논문에서 '역사는 끝났다'고 선언했다. 현실사회주의가 실패함에 따라 자유주의가 인류의 유일한 선택이 되었으며, 헤겔과 마르크스적 의미에서 역사 발전은 종말을 맞았다는 의미다. 이 말은 자유주의자들에게 널리 암송되었다. 2008년 미국발 공황으로 자본주의 시스템에 대한 회의가 일반화하자, 후쿠야마도 오류를 인정한다.

변화는 '질문의 재개'로 시작한다. 예컨대 다들 '인공지능과 로봇의 시대를 맞아…'라 말할 때, '인공지능과 로봇이 인간에게 왜 필요한가? 인간이 그것들을 위해 존재하는가, 그것들이 인간을 위해 존재하는가?' 질문이다. 다들 '인간의 노동이 필요 없어지는 세상을 맞아…'라고 말할 때 '모든 인간은 노동할 권리가 있어야 하지 않는가? 줄어야 할 것은 일자리가 아니라 노동시간이 아닌가?' 질문이다. '집이나 부동산이 사적 소유물이어야 하는가?' '거대 독점자본(재벌, 대기업)은 공유되는 게 모두에게 좋지 않은가?' '자본주의하에서 기후 위기를 막을 수 있는가?' 잃어버린 질문들이 재개되고 새로운 질문들이 꼬리를 문다.[113.1]

또한 삶의 의미에 관한 질문의 재개다. 물신세계에서 인간은 모든 '첫 질문'을 잊는다. 자식 교육을 위해 열심히 노력하는 부모는 '교육이란 무엇인가' 질문을 잊고, 집을 사기 위해 열심히 노동하고 저축하는 사람은 '집이란 무엇인가' 질문을 잊는다. 그래서 열심히 살아갈수록 삶의 의미도 사라져간다. 첫 질문의 재개를 통해 개인은 시스템 속의 자신을 바라보게 된다.

113.1 이 질문들 앞에 전제되어야 할 사실은, 인류 모두가 적당히 노동하며 자유롭고 창조적인 삶을 누리는 데 필요한 수준의 생산력 발전은 이미 이루어진 상태라는 사실이다. 생산력 발전은 자본의 이윤 추구가 아니라 인민을 위해 이루어지고 인민에 의해 통제되어야 한다. 그리고 생태 차원에서 전면 재검토되어야 한다. 이런 전환을 빼놓고 인류의 미래를 생각할 순 없다. 그러나 자본주의 시스템은 이런 전환이 이루어지지 않는 걸 전제로 작동하며, '혁명적 변화'는 필연적일 수밖에 없다.

10

인간은 굶거나 매 맞지 않아도
혁명할 수 있는 유일한 존재다.

혁명은 인민의 자기해방이다.[114.1] '자기해방'은 개인이 혼자 힘으로 해방한다는 의미가 아니다. 누구도 그럴 순 없다. 또한 다른 사람이 나를 해방해줄 수 없다. 자기해방은 내가 해방의 주체라는 의미다. 억압 상태에 있는 나를 다른 사람들이 빼내 줄 수 있다. 그것은 '구출'이지 해방은 아니다. 해방은 나를 억압하는 시스템 앞에 서는 일, 내가 그 안에서 자신을 사랑하지 않는 방식으로 살고 있다는 사실 앞에 서는 일을 씨앗으로 한다. 그리고 어느 순간 '더는 이렇게 살지 않겠다'는 결단에 이른다. 벼락같은 '메타노이아Metanoia'의 순간이다. 메타노이아로 자기해방의 도정이 시작된다.[114.2]

114.1 인텔리들은 인민을 대상화하는 습관, 인민이라는 말(민중, 시민, 국민 등 뉘앙스가 조금씩 다른 말들과 함께)을 자신을 뺀 의미로 쓰는 습관이 있다. 지배계급의 분명한 일원이 아닌 이상 우리는 모두 인민이다.

114.2 '메타노이아'는 고대 그리스어로 'meta(바꾸다)'와 'noia(생각)'를 합성한 단어다. 삶의 전면적 전환을 의미한다. 공적 활동을 시작한 예수가 인민에게 전한 첫 메시지는 메타노이아의 촉구였다. 기독교에서 메타노이아('회개'라 번역된)는 대개 죄를 뉘우치고 신앙을 갖는 일이라 설명된다. 예수가 말하려 한 건 '새로운 사회(그가 '하느님나라'라 표현한)의 주인이 되라'는 메시지였다. 모든 혁명가들은 인민에게 새로운 사회의 주인이 되라 선동한다. 예수가 다른 건 새로운 사회의 주인이 되는 일에 새로운 사람이 되는 일을 전제한다는 점이다.

메타노이아는 개인이 스스로 삶의 의미를 묻고 되묻는 '용맹 고독'의 산물이다. 메타노이아는 개인 내면의 해방이나 영적 탈출이 아니다. 개인이 개별적 상품으로서가 아니라 인간으로서 사회관계를 회복하는 행위, 투쟁하는 자유인의 연대를 형성하는 행위다.

메타노이아를 통해 당장 그를 둘러싼 세계가 뒤집히진 않는다. 노예가 더는 노예로 살지 않겠다 결단한다고 당장 법적 자유인이 되거나, 노동자가 더는 임금 노예로 살지 않겠다 결단한다고 당장 자유로운 개인이 되는 건 아니다. 그러나 그가 뒤집힘으로써 '그의 우주'가 뒤집힌다. 선망하던 것들이 경멸의 대상이 되고 무시하던 것들이 존중의 대상이 된다. 수치가 자긍으로 자긍이 수치로 바뀐다. 그는 더 이상 현재 세계의 일원이 아니다. 그의 삶과 생활양식에 새로운 사회의 조각들이 선취되어간다.

스탠리 큐브릭Stanley Kubrick이 매카시즘의 광풍 속에 만든 영화 〈스파르타쿠스〉(1960)엔 안토니우스라는 인물이 나온다. 로마 역사상 가장 부자라 알려진 마르쿠스 리키니우스 크라수스의 '고급 노예'이다.[116.1] 주인과 함께 시와 극을 낭송하고 음악을 연주하며 안락하게 살아가던 안토니우스는 어느 날 깊은 고민에 빠진다. 얼마 후 그는 홀연히 사라진다. 다음 장면에서 안토니우스는 반란군 진영에 있다. 이전과는 비할 수 없이 열악한 환경이지만, 그의 얼굴은 투쟁하는 자유인의, 자신을 사랑하는 방식으로 살게 된 인간의 환희로 가득하다. 영화 끝머리, 6천여 명의 반란군이 십자가에 달리고 스파르타쿠스와 안토니우스 두 사람만 남았다. 안토니우스가 묻는다.

"우리가 이길 수 있었을까요?"

"단지 싸운 것만으로도 뭔가를 얻은 거야. 단 한 사람이 '아니다, 이렇게 살지 않겠다' 할 때 로마는 두려워하기 시작하지. 그런데 우리는 수십 만 명이 그렇게 했어. 기적 같은 일이야."

"죽는 게 두려운가요?"

"두려워. 그러나 태어나는 것만큼 두렵진 않아."

노예제는 법적 신분을 가를 뿐, 노예는 노예제와 무관하게 존재한다. '내 운명을 스스로 결정할 권리'를 갖기로 한 노예는 이미 자유인이다. 평등과 자유의 허울을 쓰고도 '이렇게 사는 게 맞는가' 늘 자문하고 결국 '현실이 어쩔 수 없지' 체념한다면 노예다. 인간은 굶거나 매 맞지 않아도 죽고 싶어 할 수 있는 유일한 동물이다. 인간은 굶거나 매 맞지 않아도 혁명할 수 있는 유일한 존재라는 의미이기도 하다. 자유롭지 않다면.

116.1 스파르타쿠스 반란군은 기원전 73년부터 2년 동안 로마에 대항하며 자치 공동체를 이룬다. 그들은 결국 크라수스의 군대에 진압된다. 마르크스는 어린 딸들과 '고백 게임'에서 가장 존경하는 인물로 스파르타쿠스를 꼽는다. 로자 룩셈부르크Rosa Luxemburg의 혁명운동 조직 이름도 '스파르타쿠스단'이다. 스파르타쿠스를 위대한 인물이라 말하는 사람은 두 사람 말고도 많다. 두 사람이 다른 건 자신이 스파르타쿠스와 다름없이 노예제에서 노예로 살고 있다고 생각했다는 점이다.

조명희의 소설 〈낙동강〉(1927)에서 형평사원(백정)의 딸 로사는 서울에서 사범학교를 마치고 함경도의 보통학교 교사로 부임한다. 부모는 이 일이 "천지개벽 후에 처음 당하는 영광"이다. 부모는 딸이 일하는 함경도로 가서 '새 양반' 노릇하며 살아볼 꿈에 부풀었다. '새 양반'은 상공업자, 즉 신흥 부르주아를 뜻한다. 백정이 새 양반이 된다는 건 새로 태어나는 것과 다름없다. 그런데 로사는 고향에서 사회주의 운동을 하겠다고 선언한다.

"이년의 가시내야! 늬 백정놈의 딸로 벼슬까지 했으면 무던하지, 그보다 무엇이 더 나은 것이 있더노?"
하고 그의 아버지가 야단을 칠 때에,
"아배는 몇 백 년이나 몇 천 년이나 조상 때부터 그 몹쓸놈들에게 온갖 학대를 다 받아왔으며, 그래도 그 몹쓸놈들의 썩어 자빠진 생각을 그저 그대로 가지고 있구먼. 내사 그까짓 더러운 벼슬이고 무엇이고 싫소구마……. 인자 참사람 노릇을 좀 할란다."
하고 딸이 대거리를 할 것 같으면,°

° 조명희, 〈낙동강〉, 《조선지광》 69, 1927. 7.

격렬하게 대립하지만, 양쪽 다 '사람 노릇' 하며 살아보겠다
는 것이다. 천대받는 신분의 아이가 교육을 통해 가족과 함
께 신분 상승하는 일은 미담에 속한다. 로사는 부모의 소망
을 거스르지 않고도 아이들에게 좋은 영향을 주는 교사가 될
수 있을 것이다. 그러나 그의 사람 노릇은 "몇 백 몇 천 년이
나 온갖 학대를 다 받아온" 인간들의 자기해방에 참여하는
일이다.

안토니우스가 '더는 노예로 살지 않겠다'라는 자각으로 투쟁
에 나섰다면, 로사는 '노예가 존재하는 한 나는 자유롭지 않
다'라는 성찰로 투쟁에 나선다. 그렇게 인간해방의 두 경로
는 투쟁으로 하나가 된다.

시스템과 투쟁은 거대하고 전형적인 형태로 나타날 뿐 아니라, 일상에서 작은 변화에 주목하는 형태로도 얼마든 나타난다. 인간이 복잡한 존재인 만큼 시스템은 복잡한 구조를 가지며, 그에 대한 투쟁도 다양한 형태를 가질 수밖에 없다. 일상에서 작은 변화가 단지 작게 쪼갠 현재 사회에 관한 일이라면, 변화라고 할 건 없을 것이다. 일상에서 작은 변화란 개인의 삶과 생활양식에 선취된 '새로운 사회의 조각들'118.1이다. 거대 독점자본을 사회화하려는 조직적 투쟁과 개인들이 제 일상에서 상품인 것을 줄이고 상품을 매개로 하지 않는 관계와 공유를 늘리려는 노력은, 다른 차원처럼 보일 수 있지만 시스템과 투쟁의 다른 형태이다. 관건은 투쟁들 간의 상호 존중을 통한 '연결'이다.118.2

118.1 현재 사회에선 비현실적이지만 새로운 사회에선 당연한 것들이다. 현재 사회는 현재의 것들로만 이루어지지 않는다. 과거 사회의 것들(잔재들)과 미래 사회의 것들(선취된 조각들)이 병존하며 현재 사회와 싸운다.

118.2 일상에서 작은 변화에 주목하는 사람과 계급이나 독점자본 같은 거대 투쟁에 집중하는 사람이 서로 다른 세계관을 가진 것처럼 반목하는 일은 흔하다. 그런 '절단'을 통해 둘 다 시스템과 투쟁으로서 힘을 잃는다. 지난 세기 후반 서구 지식인들에게서 거시적인 것과 미시적인 것의 절단이 결국 물신세계에 포섭되는 과정이었던 것과 같은 맥락이다. 투쟁의 연결은 투쟁을 강력하게 만들 뿐 아니라, 투쟁하는 자유인이 시스템의 실체와 얼개를 조망하는 '삶의 사상가'로서 면모를 갖게 한다.

혁명은 현재 사회를 무너트리고 새로운 사회를 '건설construction' 하는 일로만 이해되어왔다. 그렇게 건설된 건 고작 새로운 정부이거나 새로운 지배 시스템이다. 혁명은 건설이자 '이행 transition'이다. 투쟁하는 자유인은 미래에 속한 사람이며 또한 새로운 사회의 담지자다. 투쟁하는 자유인의 삶과 생활양식에 선취된 새로운 사회의 조각들이 현재 사회에 균열을 만들며 새로운 사회로 이행해간다. 누군가 새로운 사회가 정말 가능한가 물을 때, 투쟁하는 자유인은 먼저 묻는다. '내 안에 새로운 사회가 있는가?'

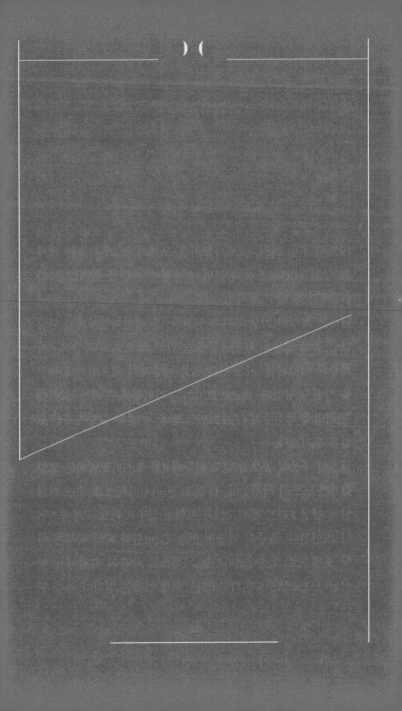

에필로그
혁명의 소리

1936년 1월 25일, 쇼스타코비치 오페라 〈므첸스크의 맥베스 부인〉(1934)을 관람하던 스탈린이 자리를 박차고 나간다. 며칠 후 당 기관지 《프라우다Pravda》에 '음악이 아닌 혼돈'이라는 격렬한 비난 기사가 실린다. 온 러시아인에게서 사랑받던 음악 영웅은 하루아침에 '인민의 적'으로 전락한다. '사회주의 리얼리즘' 기치 아래 많은 예술가가 체포되거나 죽임을 당하고 있었다. 쇼스타코비치는 리허설까지 마친, 그러나 '반혁명적 형식주의'라는 비난을 받을 게 뻔한 교향곡 4번 초연을 포기한다.

체포와 죽음의 공포를 딛고 이듬해 4월 쇼스타코비치는 교향곡 5번을 쓰기 시작한다. 11월 21일 러시아혁명 20주년 기념일에 레닌그라드 필하모닉과 므라빈스키 지휘로 교향곡 5번이 초연된다. 청중의 열광적 반응과 '낙관적 비극'이라는 당의 호평으로 쇼스타코비치는 가까스로 죽음의 그림자를 벗어난다. 〈교향곡 5번 D단조〉는 '혁명'이라는 별칭이 붙을 만

큼 많은 사람에게 혁명을 그린 대표적인 교향곡이라 여겨진
다. 슬프고 어두운 현실, 거대한 저항과 굴곡, 위대한 승리
같은 '혁명의 소리'로 가득해 보인다. 그러나 좀더 섬세하게
감상할 때 우리는 작품 곳곳에서 혁명을 망가트린 세력 앞에
선 예술가의 고뇌와 조소를 발견할 수 있다. 스탈린과 그가
신임한 비평가들은 슬픔과 비극적 표현들이 짙게 깔린 세 악
장 뒤 4악장의 힘찬 장조 음률을 '낙관적 결론'이라 보았다.
그러나 적지 않은 예술가들은 의도적으로 넣은 1악장 주제나
마지막 팡파레에조차 들어 있는 기이한 불협화음에서 고통
받는 예술가의 비명을 느꼈다.

혁명을 그린다는 건 무엇인가? '혁명의 소리'란 과연 무엇이
며, 인간과 세계에 어떻게 퍼져나가 개별과 집단의 조화에
이르는가? 우리는 그에 대한 의미 있는 단서를 누구에게서도
혁명을 그렸다고 여겨진 적이 없는 한 사운드아트 작품에서
얻을 수 있을지도 모른다. 1969년 앨빈 루시에Alvin Lucier는

브랜다이스대학 전자음악 스튜디오에 앉아 테이프 레코더에
다음 텍스트를 녹음한다.

지금 당신이 있는 방과는 다른 방에 나는 앉아 있다. 이 방
안에서 내 말소리를 녹음하고 그 녹음을 재생하고 다시 녹음
하기를 반복하면, 이 방의 고유한 공진주파수resonant frequency
가 증폭되어 가다, 결국엔 내 말로 여겨질 모든 특징은 리듬
을 제외하곤 다 사라질 것이다. 그러면 당신은 말로 표현된
이 방의 고유한 공진주파수를 듣게 될 것이다. 나는 이러한
행위가 어떤 물리적 사실을 보여준다기보다는 내 말이 지니
고 있을 모든 불규칙성을 제거하는 하나의 방편으로 간주한
다.°

녹음한 텍스트가 재생되고 그걸 또 녹음하여 다시 재생한다.
그 과정을 서른 번 넘게 반복한다. 공간에 부딪혀 돌아오는

소리의 반향들이 원래의 소리를 덮고 테이프 위에 쌓여간다. 텍스트의 내용과 형체가 차차 사라지면서 결국 그 공간의 고유한 공진주파수만 남게 된다. 본디 공간의 역할은 소리를 울려주는 것이다. 그러나 이제 공간의 소리를 듣게 된다. 소리와 공간의 위계가 없어지고 공연자와 관객의 경계도 없어진다. 이윽고 소리는 누구의 것도 아니면서 모두의 것이 된다.

○ 〈나는 방에 앉아 있다I am sitting in a room〉. 1981년에 앨범이 발매되었으며, 유튜브에서도 감상할 수 있다.

지은이.. 김규항

사회문화 비평가이자 교육운동가. 1998년 이래 뚜렷한 계급적 관점과 시스템의 본질에 대한 천착, 간결한 문체와 통찰력 있는 문장의 글을 써왔다. 근래에는 저술에 집중하면서 현대미술과 협업도 시도한다. 2003년 어린이 교양지 〈고래가 그랬어〉를 창간, 발행인을 맡고 있다. 지은 책으로 《B급좌파》 《예수전》《우리는 고독할 기회가 적기 때문에 외롭다》 등이 있다.

페이스북 /gyuhang 홈페이지 gyuhang.net

) (

혁명노트

1판 1쇄 펴냄 2020년 2월 10일
1판 3쇄 펴냄 2020년 4월 6일

지은이 김규항
펴낸이 안지미

펴낸곳 (주)알마
출판등록 2006년 6월 22일 제2013-000266호
주소 03990 서울시 마포구 연남로 1길 8, 4~5층
전화 02.324.3800 판매 02.324.2844 편집
전송 02.324.1144

전자우편 alma@almabook.com
페이스북 /almabooks
트위터 @alma_books
인스타그램 @alma_books

ISBN 979-11-5992-286-2 03300

이 도서의 국립중앙도서관 출판예정도서목록CIP은 서지정보유통지원시스템 홈페이지
http://seoji.nl.go.kr와 국가자료공동목록시스템 http://www.nl.go.kr/kolisnet에서
이용하실 수 있습니다. CIP제어번호: CIP2020001831

알마는 아이쿱생협과 더불어 협동조합의 가치를 실천하는 출판사입니다.

종이 표지_비비칼라 185g/㎡ 본문_전주 그린라이트 80g/㎡

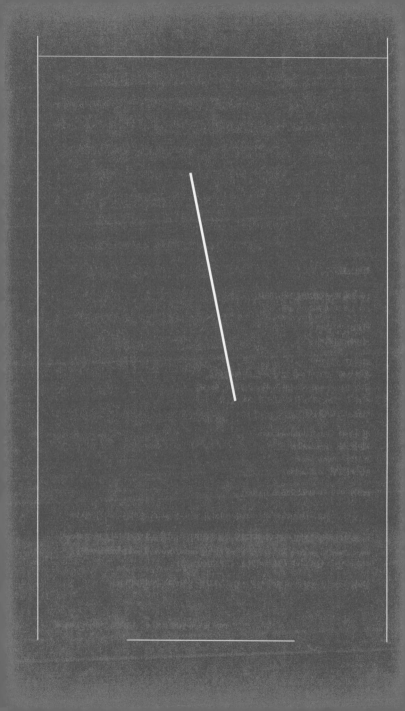